ユーロ・ビッグバンと日本のゆくえ

長坂寿久
Nagasaka Toshihisa

a pilot of wisdom

はじめに――ユーロの実験

一九九九年一月一日、ヨーロッパの統一通貨ユーロ（ＥＵＲＯ）は順調にスタートした。ユーロを発足させる経済通貨同盟（ＥＭＵ）に参加した国は、欧州連合（ＥＵ）加盟一五カ国のうちドイツ、フランス、イタリア、スペイン、オランダ、ベルギー、ルクセンブルク、ポルトガル、アイルランド、オーストリア、フィンランドの一一カ国である。

イギリス、デンマーク、スウェーデン、ギリシャの四カ国は参加せず、今後、順次参加していくことになろう。

三つのビッグバン

ユーロが発足して一年がたち、少なくとも三つの大きなビッグバン（大変革）が進行しつつある。

第一は、一一カ国が伝統的な自国の通貨とともに、自国の国際競争力のもっとも容易な調整手段としての為替政策を放棄して、一つの安定的な通貨、ユーロをもつことを選択したという歴史的実験のインパクトである。ユーロは順調にスタートし、みごとに成功をおさめ、急速に定着しつつある。この成功を通じ、さまざまなところで大きな変革が始まっている。各国は財政基準にしたがう姿勢を確固とし、欧州中央銀行を頂点とする新しいユーロ圏金融システムも設計どおりに齟齬《そご》なく機能しており、統一金融政策も受け入れられている。ユーロという統一通貨によるマクロ経済政策のヨーロッパ化は成功裏に進展している。各国は金融政策と財政政策の制約を前提として、本格的な構造改革に努めていく体制を構築したといえる。

第二には、これまで一一の国に小さく閉じこめられていた資本市場が、巨大な資本市場として統一され、ユーロ金融資本市場の力が結集され、活力を出しはじめている。起債市場、株式市場が巨大化することによって、企業の資金調達力に大きな変化が起き、投資資金と企業買収用資金の調達が容易となり、企業活力に与えるインパクトははかりしれない。企業は為替のリスクとコストから解放され、金融機関の競争と再編によって、低価格の金融サービスを享受できるようになり、多くの恩恵を手に入れている。

第三は、国際通貨システムの大変革である。ユーロは着実に定着し、実力をつけてきている。

そして今後は、しだいに各国が国際収支の安定に備えて用意する外貨（外貨準備）としてユーロの比率が上がっていき、同時に国際通貨システムは、「ドル本位制」という現在の一極基軸通貨体制から、ドルとユーロの二極基軸通貨体制に移行していくだろう。これは世界の通貨システムをまったく新しい時代へと導くものでもあり、大変革への予兆が始まっている。

ユーロは人類の経済史にとっても壮大な実験であり、体験である。それは通貨とナショナリズムを一体化させてきた、これまでの古い前提をうち砕くものである。グローバリゼーションという新しい大競争時代へのヨーロッパの対応であり、二極基軸通貨時代という、新しい国際通貨システム時代への模索である。そして何よりも、ヨーロッパの「平和の誓約」の完成を示すものである。

ユーロの一年

ユーロは発足後、いったいどのように進展し、評価されてきたのか。この「ユーロの一年」をふまえて、今後の展開の可能性を見ようとするのが本書である。一一カ国が一体化した金融市場はどうなったか、企業の対応と企業への影響、欧州中央銀行の金融政策などについて検討する。

また、ユーロの誕生とはいったいどのような時代の到来をわれわれに問いかけているのか。

ユーロ導入を通じてヨーロッパの経済・産業は再生するのか。そして、日本にたいし何を問いかけているのかについて考えてみたい。

「ユーロ」は、ヨーロッパによるグローバリゼーションという時代への対応として選択されたものである。日本は、グローバリゼーションへの対応を求められてきたにもかかわらず、うろうろするばかりで、たいした対応もしてこなかった。その結果きわめて厳しい状況におかれている。

ユーロが日本に問いかけているものとして、次の三点を中心にとりあげてみる。

第一はユーロという、ドルに拮抗する国際的な通貨の誕生を前にして、世界の金融為替システムは、どのように変化をとげるのだろうか。その中で、円はどうなろうとしているのか。「円の国際化」は成果をもたらすだろうか。

第二は、グローバリゼーションと、単一通貨の発足による競争の激化にたいし、ヨーロッパ企業は企業改革を果敢に進め、収益性を高めている。日本の企業にとっても改革こそ急務である現在、ヨーロッパをどう参考にすべきか。

第三は、ユーロ導入後のヨーロッパは「雇用問題」の時代へ入る。失業率はいぜんとして非常に高く、ヨーロッパのアキレス腱は、まさに「雇用問題」にある。もしヨーロッパが失業率を低下させることができたら、ヨーロッパにたいするわれわれのイメージは根本的に変わり、

「ヨーロッパ経済の再生」として捉えるだろう。そしてこの雇用問題は、これからの日本にとっても重要な課題である。

グローバリゼーションへ対応するために、日本は経済・社会改革が必要である。円の国際化、企業改革、そして雇用改革などはどれも二一世紀の日本の重要な課題である。いまヨーロッパで起こりつつあることは、まさにこうした日本の課題に参考となり、英知を提供してくれるだろう。日本再生のために、ヨーロッパの動きに注目すべきときがきているのである。

目次

第一章　ユーロ誕生への道

1　ヨーロッパ情報のかたより

ユーロをめぐって日本で受けるきわめて一般的な質問の一つは、何故〝突然に〟あるいは〝強引に〟ユーロは導入されたのかという点である。メディア報道を見ているかぎり、誰もが受けた印象にちがいない。しかし、実際にはそのようなことはなく、ユーロは粛々と実現へ向かってきたのである。私自身がオランダのアムステルダムに駐在してまず最初に感じた強烈な印象は、日本とヨーロッパをつなぐ情報関係には、いかに大きなバイアス（かたより）があるかということだった。その偏向の象徴的ケースがユーロ問題であった。

これからの日本とヨーロッパの関係を理解するうえでも、まずそのことを最初に書いておきたい。日本とヨーロッパ間の情報バイアスの背景には次の三つがあると思う。

CNNバイアス

一つはアメリカを通じたバイアスである。「CNNバイアス」とでもいっておこう。日本でCNNを見ていると、自分は世界のニュースを見ているという興奮にかられるものである。しかし、CNNをヨーロッパ、私の場合でいえば、アムステルダムでみていると、アメリカからのローカル・ニュースをみていると感じている自分に気づくのである。たとえば、ジャクリーヌ・オナシス・ケネディが死んだとき、彼女の葬儀は教会の中でおこなわれていて、テレビカメラは入れないので、外から延々と教会の映像を流し続けていた。アメリカにとっては、彼女をヒロインに仕立てあげる国民的要請があったかもしれないが、ヨーロッパの人々にとって彼女は何者でもない。そうしたアメリカ的国内事情を世界へ流し続けていることこそ、まさにCNNはアメリカというローカルな立場に立ったテレビ局だということが分かる。

私もヨーロッパに行くまでは、自分なりのヨーロッパ像をもっていたが、行ってみると、そのイメージをまず捨て去らねば始まらないことに気づいた。ヨーロッパという統一文化があるわけではなく、それぞれの国や地域がまさに独自の多様な文化を誇り合っているのがヨーロッパだった。また、ヨーロッパの発想はいわゆるアメリカ的発想とも違うことに気づいていく。自分が知っていたヨーロッパとは、まさにアメリカを通じて、たとえばCNNが語るヨーロッパをヨーロッパとして認識していたのだということだった。

じつは逆もそうで、ヨーロッパ側も日本を把握しようとする場合、アメリカを通じて日本を認識しようとしている。いまならさしずめ、アメリカのメディアが報じた記事をインターネットで検索して、仮説を作りあげる。そのためアメリカで論じられた日本論が数年遅れでヨーロッパで語られる傾向にある。そういう意味で、日本とヨーロッパの間には直接的な情報交流が非常に少ないということに気づくのである。

ロンドン・バイアス

二つめのバイアスは「ロンドン・バイアス」とでも呼んでおこう。私は一九九六年一月にある雑誌に、アムステルダムからの報告として次のように書いたことがある。少し長いが再録させていただく。

「オランダ政府は（九六年）一月一七日、オランダ通貨ギルダーから欧州通貨〝ユーロ〟への移管をスムースに行うための全国フォーラムを設立するむね発表した。これはオランダの産業界、労働組合、消費者団体、金融業界、政府等全国的に各界の代表をふくむ委員会で、単一通貨移行への国内手続きを議論し、すすめていく機関として位置づけられている。オランダは金利とインフレについてはEMU（経済通貨同盟）で定められたユーロへの参加基準を達成しており、財政赤字基準は九六年度中に達成する見込みだが、公的債務は九九年になってもクリアできそうにない。しかし、オランダはフランス政府がやっと昨年（九五年）末に提案したような社会保障制度の見直しなどによる構造改革をすでに数年前からすすめてきており、その結果財政赤字の削減に成功しつつある。ベアトリクス女王はオランダで流通する通貨から自分の肖像がなくなってもよいと語り、国民と経済界と政治との温度差をなくすためのこの全国フォーラムをいち早く設立するなど、オランダでは通貨統合への意識と準備は着々とすすめられている。

オランダにいるかぎり、日本で報じられる通貨統合へのワンパターンな悲観論にはいささか強い違和感を感じる。現状ではいまこそ逆に、調査を担当するものとしては、「通貨統合はありうるかもしれない」という仮説からアプローチすることの方が必要なのではないかと私は考えている。現在の悲観論はあまりにも感情論や目先論が先行しており、悲観論以外の報告をしにくくなっているほどのワンパターンさであり、実際にはユーロは現実論の段階に入ったのに、それを語ることを避ける結果となっているからである。

ヨーロッパのマスコミ論調で通貨統合への悲観論に満ちあふれている国はいうまでもなくイギリスである。ドイツでもフランスでも悲観論はそれなりにある。それは国民と政府との温度差を懸念するものが中心である。しかし昨年（九五年）末にフランス全土で長期ストをもたらした社会保障改革案についても、記事の最後に「それほどまでして単一通貨に固執する意味があるのだろうか」（「タイムス」紙）と他人ごとのコメントをするのがイギリスの論調である。日本での論調は実はこの英国の論調に追随している感じのものが多い（しかし、現地感覚は逆で、それほどまでしても単一通貨を実現させたい強い決意をもっていたのである)。

われわれ日本人が論じるヨーロッパ像はロンドン(イギリス)が語るヨーロッパ論だということである。日本企業のヨーロッパ本社がロンドンにあることは、ビジネスとしては一向に構わないが、日本のヨーロッパ論が少なくとも大きなバイアスをなくすためには、あるいはバランスをもったヨーロッパ論たるには、日本企業の調査・報道部門の拠点(本部)はロンドンからドイツかフランスなどの大陸側へ移すことがまず先決のように思うのである。」

(「アゴラ」九六年三月号)

イギリスとヨーロッパ大陸

ヨーロッパにおけるイギリスのポジションは、いささかアジアにおける日本のポジションと似ているようである。頭の中では地理的に日本がアジアの一国であることを知っている。しかし、たとえば「アジア経済は……」というとき、じつは日本をはずして語っている場合がほとんどである。ヨーロッパにおけるイギリスもそうした傾向が強い。

日本企業の調査会社や、銀行調査部のボスやメディアの欧州総局長は、ロンドンにいる。ボスはロンドンにいて、「フィナンシャル・タイムズ」や「エコノミスト」などイギリスの新聞・雑誌を読み、イギリス企業の日本担当者たちとつきあいながら、ヨーロッパはこうだという仮説を立てる。そして、その仮説に合致するようなヨーロッパ大陸側の情報を集めて日本に報告する。大陸側に立って仮説を立てていないので、当然イギリス的バイアスがかかる。

その典型がユーロであった。イギリスはユーロに最初から参加するつもりがないため、とっくに終わった哲学論争をくり返し、ユーロ発足の問題点に中心的視点をおいて論じ続けてきた。そのためユーロの問題点や、その時々の政治的ゴシップだけが、針小棒大に日本へと伝えられ、論じられることになった。一九九七年末になってユーロ誕生が現実味をおびてくると、それまで「導入は困難であり、可能性はない」としてきたロンドンの論調は、「導入されるが、機能しないだろう」という論評へと転換していった。

したがって、ユーロ問題でも、「イギリスの反響」として報告するかぎりにおいては正しいわけだが、ロンドンがヨーロッパ本社・総局である以上、「イギリス」の反響としてではなく、「ヨーロッパの反響」へと気づかずに書き換えてしまうことになる。つまり、われわれ日本には、イギリスからの視点が、ヨーロッパ全体の視点のように伝えられているというのが実態だということである。日本におけるユーロ報道への違和感は、私にはこうみえるのである。

こうしたユーロに関するロンドン・バイアスは、ユーロのスタート後も同様に続いてきた。九九年に私は四度ヨーロッパに行ったが、ロンドン情報と大陸側の情報との違いをあいかわらず実感して帰ってきた。ちなみにユーロに関して、ロンドン情報はいぜんとして目先のゴシップ的論調が中心であることが気になった。

駐在員バイアス

三つめのバイアスは駐在員自身のバイアスである。というよりもヨーロッパの奥深さの魅力である。私の同僚がフランスに二度めの駐在をしたとき、私が「二度めの駐在だと、今度はフランスだけでなく、ヨーロッパ全体がよく勉強できていいだろうな」というと、彼は「前回はフランスの田舎をあまり見られなかったので、今度は堪能したい」といったのである。

ヨーロッパ駐在員の問題点は、自分の赴任した国については語れても、ヨーロッパ全体については語れないと思いこんでいるのである。これは赴任国を追求するだけで十分人生をエンジョイできるからである。ヨーロッパはどの国も歴史、風景、文化、音楽、オペラ、食べ物、ワイン、チーズ等々あまりにも豊富で奥深い。また、赴任国以外の国を勉強しようにも言葉の違いからもう一つ踏みこめない感じがする。だから同僚のように赴任国をもっと深くみたいと思うのは当然かもしれない。

だから、フランスについては語れても、ヨーロッパについて語ることはむしろ遠慮する性向となってしまう。これもヨーロッパの一つの魔力なのである。だから、私のようにヨーロッパの中心にある小国オランダに駐在できたことは、感謝すべきであろう。なにせ、二時間もドライブすると隣の国だし、その歴史はじつにヨーロッパ史との重なり合いであるからだ。

世論調査の意味

私たちがヨーロッパをみるときに、誤解しやすい要因はいくつもある。とくにアメリカナイズされている私たち日本人にとってはなおさらである。政治のあり様の違いもその一つだ。ユーロについて、たとえば「ドイツでは、いぜんとしてユーロ反対派が賛成派を上回っている」と世論調査結果が報じられ、ユーロが実施されない証拠の一つとして使われてきた。しかし、政治と世論調査との関係はアメリカとヨーロッパでは大きく違う。アメリカでは、クリントン大統領のセックス・スキャンダルの処理が、世論調査結果に翻弄され続けてきたように、政治が世論調査に追随し、直結し、連動している。民主主義のようにみえるが、政治家が、国民に媚を売るふりをすることに夢中になるのがアメリカである。彼らの行動規準は次の選挙で勝つことだからである。

しかし、ヨーロッパの政治にはいぜんとして一種の「エリート政治」、あるいは「リーダー政治」の伝統が残っている。リーダーたちが舞台裏で話し合い、歴史観で決断し合意し、政治を決め、実施し、その後から世論がついてくるという方式である。

ドイツ国民のマルクにたいする執着心はとくに強く、一九九八年一月の世論調査ではユーロ導入反対が五八％も占めていた。ユーロ発足直前の同年一一月でも賛成四〇％にたいし、反対派は四四％と上回っていたのである。しかし、「ドイツではユーロ導入反対派の方がいぜんとして多い」という世論調査の結果は、それ自体重要ではあるが、政治的意味合いはアメリカのそれとは違う。ヨーロッパでは、それは国民への説明がまだ十分おこなわれていないという、政府と国民の温度差を意味するものであって、アメリカのように、それによって政治決断が致命的な影響を受けるということではない。もちろんヨーロッパ政治でも、世論の意味はますます重要になっているが、アメリカとは根本的に違うのである。

しかし、ヨーロッパの政治もしだいに大きな変革を迎えつつある。エリート政治の反省から、重要案件にたいし「国民投票（レファレンダム）」を導入する国が増えてきているからである。九二年、デンマークはユーロ参加の是非を問う最初の国民投票で、反対派が過半数を占めたことから、ユーロへの道は危機に直面した。その直後ヨーロッパは通貨危機にみまわれた。ドイツには国民投票制度はまだないが、国民投票がおこなわれていれば否決され、導入計画は頓挫《とんざ》していたかもしれない。イギリスのユーロ導入は時間の問題ではあるが、しかし国民投票というアキレス腱が、それを阻止する可能性は十分残っている。

オランダにも国民投票制度はまだない。しかし、九九年五月にコック政権（労働党、自由党、民主66の三党連立）は、民主66の提出した「国民投票による政策決定と、そのための憲法改正法案」を、与党議員数人の反対で否決したことから、民主66が造反を起こし内閣崩壊の危機にあった。話し合いの末、「二〇〇一年から臨時法により試験的に国民投票をおこない、二年後の二〇〇三年に再度同法案を提出し、その成立をはかる」という妥協が成立し、亀裂は修復された。こうしてオランダでも二〇〇一年から国民投票が始まることになっている。

2　粛々と導入されたユーロ

市場は折りこんでいた

アムステルダムに私が赴任したのは一九九三年一一月だが、二年以内にユーロは着実に導入されていくという確信をもった。とくに九五年末、フランスの前政権が、ユーロ参加基準を達成するために導入した社会保障改革案で、労働組合の猛反発を受け、大混乱に陥った。まさにそのとき「ユーロは粛々と実施されていく」ということを書かねば、自分の調査マン人生の沽《こ》券《けん》に関わると思いこみ、次のような内容で日本に報告した。

通貨統合をめざす経済通貨同盟（ＥＭＵ）は長年の議論の末、ヨーロッパの指導者たちの判断によって、望ましいものとして選択されてきたもので、通貨危機や経済後退程度でやめてしまうたぐいのものではない。この歴史観は、後述のような戦争の歴史のみならず、今世紀におけるヨーロッパの為替投機がもたらした悲惨な歴史をもふまえている。この歴史認識が変わらないかぎり、ヨーロッパ統合のプロセスの中で通貨統合は粛々と進められていく。

ＥＭＵは、ヨーロッパ各国における為替レートの安定化、インフレの鎮静、財政赤字の縮小、失業率の低下、経済成長という目標達成の手段として選択されたもので、代替案が提示され、選択されないかぎり、ＥＭＵ否定論は意味をもたないし、ユーロ導入への決意は継続していく。

財政赤字の対国内総生産（ＧＤＰ）比を三％以内にするなどの、ユーロ参加資格を得るためのマクロ経済目標値（収れん基準）があることによって、政策当局は議会と国民を納得させることに成功してきた。これは、日本の「外圧」と同様の役割を果たしてきた。

また、実態としてすでにドイツ・マルク通貨圏は、オランダ、ベルギー、ルクセンブルク、オーストリアなどでできあがっており、これらの国の金融政策は、ドイツの中央銀行であるブンデスバンクに合わせておこなわれている。課題はこれにフランスが参入できるかどうかである。ＥＭＵにたいするフランスの政治的意図は、ヨーロッパの通貨政策をドイツに支配されることを避けたいという点にあった。

さらに、九五年末以降、長期の国債金利の各国の金利差は急速に縮小してきていた。各国の一〇年債などの長期金利が一致していくということは、市場が長期的には単一通貨の実現を折りこみはじめたということを意味していた。

ＥＭＵの収れん基準の適当さ

経済通貨同盟（ＥＭＵ）の発足（正確にはユーロの発足による、ＥＭＵの第三段階のスタート）にあたり、マーストリヒト条約（欧州連合条約）で次の五つの参加条件が設定された。

①インフレ率（消費者物価上昇率）は、インフレ率のもっとも低い三カ国の水準（平均）から最大限一・五％以内。
②財政赤字の対ＧＤＰ比率は三％以内。
③政府の債務比率は対ＧＤＰの六〇％以内。
④欧州通貨制度（ＥＭＳ）の為替相場メカニズム（ＥＲＭ）に二年間参加。
⑤長期金利は、もっとも低い三カ国の水準（平均）から二％以内。

これら財政赤字比率三％、政府債務比率六〇％という数字は、一九九一年の段階での欧州連合（ＥＵ）構成国の平均値であり、これなら達成できそうだと考えて設定した数字であった。経済学的根拠のまったくない、政治的な数字である。しかも、これらは絶対的基準値ではなく、傾向的に達成へ向けて改善していればよいとする、あくまでも「参考数値」としての規定であった。

（単位：%）

	1991～95年	1997年	1998年	1999年
ベルギー	-5.9	-1.8	-1.0	-1.0
デンマーク	-2.4	0.1	0.9	3.0
ドイツ	-2.9	-2.6	-1.7	-1.6
ギリシャ	-11.5	-3.9	-2.5	-1.9
スペイン	-5.6	-3.1	-2.3	-1.4
フランス	-4.6	-3.0	-2.7	-2.1
アイルランド	-2.6	0.6	2.0	2.9
イタリア	-9.1	-2.8	-2.7	-2.2
ルクセンブルク	1.7	3.8	2.5	2.2
オランダ	-3.5	-1.2	-0.8	-0.4
オーストリア	-3.8	-1.9	-2.4	-2.2
ポルトガル	-5.0	-2.0	-1.5	-1.3
フィンランド	-4.8	-1.6	1.4	3.5
スウェーデン	-7.6	-2.0	2.3	1.9
イギリス	-6.0	-2.0	0.2	0.6
EU15カ国	-5.2	-2.4	-1.5	-1.0

表1　EU15カ国の対GDP比財政赤字比率推移

（注）1999年は予測、プラスの数字は財政黒字。

（出所）欧州委員会

この中でとくに財政赤字比率「三%」はマジックナンバーとなり、この達成状況をめぐってユーロ実現論が一喜一憂してきたことは確かである。しかし、各国政府はこれを達成するための政治的意思を確固としてもち続け、変わることはなかった。この達成をめぐって、フランスは九五年末に全土を巻きこむゼネスト状態となり、イタリアではユーロ税を導入してこの基準を達成、ドイツは国庫の金を売却して達成しようとするなど、様々な動きがあった。

強いユーロか弱いユーロか

また、ユーロが誕生する前には「強いユーロか弱いユーロか」という議論があった。ドイツ国内向けには強いユーロが必要であり、イタリア、スペインなど南欧諸国を含む拡大ユーロでスタートすると、弱いユーロとなるという批判であった。ユーロの強さ弱さは、ユーロ圏の経済動向や国際情勢の中で市場が決めていくものであって、こうした議論はじつはほとんど意味がないのだが、イギリスを中心に「強いユーロ論」が蔓延《まんえん》し、南欧諸国の参加でユーロは失敗すると揶揄《やゆ》された。

南欧諸国の不参加によって、これら諸国の通貨切下げを招いて輸出攻勢を受けるより、ユーロへ入れて競争的な為替切下げを防止する方がよいのである。たとえばフランスの繊維や製靴業界はイタリア・リラの切下げによる競争激化に端を発した、産業の弱体化に苦しみ続けてきた。ドイツにとっても、マルクは長期にわたってヨーロッパの基軸通貨となってきたため、マルク高（過剰評価）傾向が持続された。このためドイツ企業の国際競争力は低下傾向にあった。このさい、長期のマルク高を調整するためにも弱いユーロでのスタートがよいという考え方もあった。

また、最初はソフト・ユーロで始まり、それによって輸出競争力の追い風を受けて、景気を順調に持続し、引き締め気味の金融政策を維持しつつ、しだいにユーロが信認を得て、強い通貨への経過をたどる方がシナリオとしてはいいという考えもあった。さらにユーロが基軸通貨になっていくには、当初はユーロが弱くなっても、できるだけ多くの国が参加した方が、経済規模が大きくなり、基軸通貨としての信認を得やすいだろうと考えられていた。

使われていたエキュ

私がユーロ発足を一九九五年末時点で確信した理由は、ほかにもいくつかあった。親しいオランダ中央銀行の人が、「二一世紀になったらオランダ中央銀行なんてなくなっているだろうなあ」と何気なくいったのを聞いたときである。

このことは、第二章でふれるが、ユーロ導入後の欧州中央銀行制度（ＥＳＣＢ）は、かぎりなくアメリカの制度に近くなっていくことを意味している。アメリカの中央銀行制度である連邦準備制度理事会（ＦＲＢ）の下には、一二地域に連邦準備銀行（通称、地区連銀）があるが、欧州中央銀行制度の下にある各国中央銀行も、結果としてこれらアメリカの一二地域の地区連銀のようなものになってしまうだろうということである。

アメリカの場合は、ニューヨーク地区の連銀総裁が理事会の常任理事となっているが、残りの一一の地区連銀の総裁は四連銀が一年交代で理事になっているだけで、地区連銀の影響力は小さい。連銀の役割は、地域内の加盟銀行の監督などがあるが、実質的には地域経済報告をおこなう程度のものになっている。

これにたいし、ＥＳＣＢでは、決定権をもつ理事会には各国中央銀行総裁が常任理事として全員入っているという点で、各国中銀の影響力が大きいことは確かではある。しかし、欧州中央銀行（ＥＣＢ）が信認を勝ち取っていくにしたがい、しだいに実質的影響力が小さくなっていく可能性はあろう。

それならば、オランダのような小さな国では、ベルギー、ルクセンブルクの中央銀行と合体して、〝ベネルックス中央銀行〟となってもいいのではないかという、当然の思いが口から出たのである。この発言はオランダ中央銀行の人々が、いかにユーロ発足を確信をもって捉えているかを感じさせてくれるものだった。

さらに、通貨統合は、欧州経済共同体（ＥＥＣ）の設立時に結ばれたローマ条約（五七年）には規定されていない。しかし、ローマ条約の規定によって制度化された唯一の協議委員会である「通貨評議会」の設立が、まさに通貨問題を調整し、協議する場として、ユーロへの道を作ってきたのだ。このようにユーロは長い期間を通じて準備されてきたのだと知ったとき、さらに確信は深まった。

また、あるオランダの多国籍企業の戦略担当者が、同社もすでに「エキュ（ＥＣＵ。欧州通貨単位）」建ての決済を積極的に使っている、と教えてくれたときも確信を深めた。

七八年の欧州通貨制度（ＥＭＳ）の発足にあたり、共通通貨単位としてのエキュが誕生している。域内通貨の交換レートを固定してしまおうとする「統一通貨ユーロ」の導入にあたっては、まず域内の平均レートをどう定めるかということが問題となる。そこでＥＭＳは、加盟一五カ国の通貨を、その経済力（貿易量など）に応じてウエイト付けして平均値（加重平均）を算出し、それを通貨価値とした人工通貨エキュを作り出した。これを「通貨バスケット方式」という。

自国通貨をドルにペッグ（連動）すると、ドルの変動をそのまま受けることになる。通貨は急激に変動する場合に問題となる。そこで自国通貨の為替レートが貿易相手国にたいして極端に変化することを回避するため、たとえば、自国の貿易相手国が、アメリカ四〇％、日本三〇％、ヨーロッパ三〇％である場合、自国の為替レートの変化をこの三通貨の比率でバスケットの中に入れて、平均値を出して設定する。ドルが二〇％切り上がり、円・ユーロは変化なしとすると、ドル・ペッグ制だと自国通貨は円・ユーロにたいし、ドル同様二〇％切り上がってしまうことになるが、通貨バスケット制だと、八％の切上げですむことになり、日本やヨーロッパにたいする輸出競争力の低下をそれだけ緩和できることになる。

エキュは当初は計算単位として使われていたが、その後信用決済にも使われるようになり、ＥＭＳの中心をなすものとなった。

エキュは八〇年代を通じ、国際通貨の激しい変動にたいする安定装置として有効に機能してきた。当初は各国通貨当局間の公的決済にあてるためのシステムとして登場したが、しだいに金融・資本市場で使用され、多国籍企業を中心に、ヨーロッパ域内取引の決済として使われはじめた。個人も、貯蓄や決済手段としてエキュを使うようになっていった。エキュの使用によって、為替リスクを分散し、為替コストや金利コストを削減することができた。先の担当者は、域内価格をより透明にすることによって価格政策が可能となり、社内決済システムも簡便となり、資金計画も立てやすく、経営全体のコストも削減できると話してくれた。

これを聞いたときも、じつはユーロの発足を確信したのである。ユーロは計算単位として使われてきたエキュを、他国通貨と容易に交換できる強い通貨として、実際の流通通貨にしてしまおうとする計画であった。ユーロの実現はエキュにこそ、その起源があることはいうまでもない。だから、エキュをすでに企業が便利に使い、普及させているかぎりは、ユーロは着実に実施されていくにちがいないと確信したのである。統一通貨の名称も当初はエキュとされていたが、「ユーロ（EURO）」という名称に変更されたのである。そして、ユーロの価値はエキュと等価（一対一）と設定された。

3　ユーロへの道程

そもそも欧州連合（EU）にとって、ユーロは何故導入する必要があったのか。その理由としては、三つがあげられるだろう。①「ヨーロッパの平和」、②「為替コストと為替リスクの消滅」という経済的メリット、③ドルに対応する「基軸通貨」の創出、である。

②については第二章、第三章で、③については第四章でそれぞれ述べる。ここでは、あまり強調されていない「平和」について、ヨーロッパ理解にとって、もっとも重要なことであると思うので、先に説明しておきたい。

「平和の誓約」としてのユーロ

ヨーロッパの市場統合や通貨統合は、ヨーロッパの不戦の誓いとして実現してきたものである。このことを実感をもって知ったのが、私自身のヨーロッパ駐在のもっとも貴重な体験であったと思っている。三年半の駐在を終えて帰国するにあたり、オランダで高名な二人の方に挨拶に行ったとき、ユーロの話になった。まさに二人とも同じ質問を私にしたのがじつに印象に残っている。「ユーロをわれわれは何故導入しようとしているか分かるか」と問われた。私が

「平和でしょう」と答えると、「君はヨーロッパは卒業だ」といって笑ってくれた。

ヨーロッパはあの狭い地域の中で、じつに多くの、しかも過酷な戦争をしてきた。ヨーロッパの歴史は戦争の歴史だといってもいい。しかも、人間の歴史の中でもっとも醜い、敵は皆殺しか奴隷にしてしまうような、非人間的な殺し合いの戦争をしてきた。その最後がナチス・ドイツだった。日本の歴史では、ヨーロッパで起こったような過酷な殺し合いの戦争は、せいぜい織田信長の比叡山焼き討ちか一向一揆のときくらいではないか（太平洋戦争のときにもあったという指摘はあるが）。あれほどの非人間的な人殺しの歴史をもっていれば、自由、平等、博愛といった、人間の価値を問いかける思想が生まれるのは、当然だとさえ思えるくらいだ。日本やアジアでこうした思想が生まれなかったのは、長老支配の中で、ある程度和気あいあいと過ごしてきたからではないかとさえ思えてしまった。

もう戦争はやめよう、ヨーロッパにもう戦争をしないような仕組みを作ろうとしたのが、これまでの欧州統合への道を支えてきた強い動機であった。どの国の政治家にとっても、もっとも重要な行動規準は、次の選挙に勝てるかどうかであろう。そのためにますます世論調査にしたがって、国民に媚を売る政治がおこなわれるようになっている。しかし、これはアメリカや日本の政治家の行動規準であって、ヨーロッパの政治家にはもう一つの行動規準が強く加わっている。それは「ヨーロッパの平和」の実現をめざし、その実現への歴史に残ることである。

したがって、フランスで左派のジョスパン首相や、ドイツで左派のシュレーダー首相が当選すると、日本のメディアは、選挙前までユーロ導入へ向かっての財政縮小による景気後退の恐れや、社会保障改革にたいし強く批判していた野党候補の当選で、ユーロ実現は危なくなったと書き立てる（じつはこれはロンドン情報がこのように書き立てているからでもあるが）。しかし、翌日にはジョスパンもシュレーダーもユーロ実現を支持したと報じる。つまり、大陸側のジャーナリストなら分かっていることだが、どんな政治家も「ヨーロッパの平和」という大きな道筋にたいして反対することはできないし、反対するつもりもない。

将来もし、半世紀先にでもヨーロッパで戦争が起きるようなことがあり、そのとき、半世紀前にジョスパンという首相が当選し、彼が反対したためにユーロが実現せず、平和へのシステムを構築することに失敗したため、今回の戦争が起こったとでも書き立てられたら、それはヨーロッパの歴史に汚点を残した政治家として、後世に語り継がれることになりかねない。政治家はそんなことはしないのである。ドイツのシュレーダー政権で影の首相として登場したラフォンテーヌ蔵相でさえ、ユーロ発足にとって必須条件である財政政策の健全性を維持するための「安定成長協定」は、遵守するとの姿勢を示していた（ロンドンからの報道論調はむしろ逆のようではあったが）。

もちろん、国際政治の場はそんなになまやさしいものではない。ましてユーロはきわめて政治的な産物であるから、なおさらのことである。ドイツ、フランス、イギリスを中心に各国の政治的思惑で、いつもEUのプログラムの進展が危機に直面しているがごとく報じられ、多くのゴシップがささやかれてきた。それらの多くは実際にそのとおりであったにちがいない。

ユーロ誕生の契機として紹介された政治的取引としては、たとえば次のようなものがある。フランスは北大西洋条約機構（NATO）に加盟していない。そこで「フランスの核をヨーロッパに委ねることで、政治的独立を捨てるかわりに、ドイツもユーロの実現のために、強い通貨として守ってきたマルクを、ヨーロッパのために差し出す」という、フランスの政治力とドイツの経済力とを相互補完させる取引である。あるいは「ドイツ再統一を、フランスが承認する見返りに、ドイツにはマルク（通貨）を差し出させる」という、ドイツ再統一と通貨統合との取引である。確かにドイツ再統一はヨーロッパ統合の流れの中で進んできたし、ユーロ発足への動きを加速させる効果をもったことも事実である。

しかし、ヨーロッパ政治の基盤には、前記のような平和への歴史観が常にあった。EU形成の歴史は、まさにそうした不戦の誓いの実現への道だったのである。

ヨーロッパ統合論は一九世紀初めの社会思想家サン・シモンや、二〇世紀にはクーデンホーフ・カレルギー伯爵（母親は日本人の青山光子）のヨーロッパ合衆国論にさかのぼる。とくにカレルギー伯爵の構想は大きな影響を与え、一九二六年には、この構想を検討するための汎ヨーロッパ会議が招集されている。

第二次世界大戦後、ヨーロッパを平和にするためのヨーロッパ統合論が現実に動きはじめ、ヨーロッパ石炭・鉄鋼共同体（ECSC）の創設と、それに次ぐベネルックス関税同盟が成立した。

ECSCの設立構想は、フランスの外相シューマンと（旧）西ドイツ再建の父アデナウアー首相の話し合いの中から生まれた。アデナウアーは、カレルギー伯爵の思想的影響を受けた人であった。この構想は、当時の国家にとって産業の基盤であり、軍事産業に不可欠であった石炭と鉄鋼の生産管理を、合同の超国家機関に権限委譲（国家権限の上位地域機関への委譲）させることであった。独仏間が中心となったが、参加を希望するその他のヨーロッパ諸国にも開かれた。

当時、西ドイツにたいし、二つの考え方が衝突していた。西ドイツの経済復興への道をいつまでも阻害することは問題であるとする考えと、完全に独立を与えることはヨーロッパの平和にとっては潜在的な脅威となるとする考えである。この相反する認識を統合したのがこの新機構ECSCであった。これは、西ドイツの経済復興のために、ドイツの石炭とフランスの鉄鋼の組合わせを図ろうというものであった。以後、このECSCはヨーロッパ共同体形成のモデルとなった。

そして、五五年にはオランダ、ベルギー、ルクセンブルクの小国三国は、ヨーロッパ規模での経済発展の必要を痛感して、ベネルックス関税同盟を結成した。これがその後のEEC関税同盟のモデルとなった。以後、ヨーロッパの統合は、五八年の欧州経済共同体（EEC）の設立、六七年の欧州共同体（EC）の発足、六八年の関税同盟の完成へとつながっていった。さらに七九年の欧州通貨制度（EMS）の発足、九二年の域内市場統合、そして九三年に通貨統合をめざすマーストリヒト条約が発効し、それまでのECは欧州連合（EU）へと進み、九九年のユーロの誕生へと深化してきたのである。

ユーロへの道のり

ユーロへの道のりには多くの紆余曲折があった。通貨統合への思いは、前述のように、EECの設立時のローマ条約にもみられるが、通貨統合案が初めて明確に提案されたのは、一九七〇年に発表された「ウェルナー報告」であった。ウェルナーは当時のルクセンブルクの首相で、域内為替レートを可能なかぎり安定させようという政策理念をもって、一〇年計画で通貨同盟を結成する案を提示した。

翌年の七一年八月にはニクソン・ショックが起こり、各国通貨が金価値保証によって一定の固定レートで基軸通貨ドルとつながっていた、ブレトンウッズ体制（一四八〜九ページ参照）

は崩壊した。そして七三年三月に、世界の主要国は固定相場制から変動相場制に移行した。ヨーロッパ諸国（ＥＣ）は、一定の変動幅を設けて為替レートをコントロールする「共同フロート制」を導入した（この仕組みは「トンネルの中の〈または外の〉スネーク」とよばれた）。

やがてウェルナー報告の考え方は、七九年三月に「欧州通貨制度（ＥＭＳ）」の創設として実現していく。ＥＭＳの下で「為替相場メカニズム（ＥＲＭ）」が設定される。加盟国は原則として為替相場の変動幅を上下各二・二五％内に維持、これが困難な加盟国には例外的に上下各六％まで許容することを定めた。前述のように、ＥＭＳは八〇年代のヨーロッパ通貨の安定に大きく貢献し、このＥＭＳの下でエキュ（ＥＣＵ）が発足したのである。

エキュからユーロ実現までの道筋をつくったのはＥＣのドロール委員長だった。八九年に「ドロール報告」を発表し、通貨統合をめざす「経済通貨同盟（ＥＭＵ）」を完成させるプログラムと、具体的プロセスを提示した。

ＥＭＵを結成するには、ローマ条約を改正する必要があった。そのための会議が、九一年一二月にオランダのマーストリヒトで開催され、通貨統合への条件やスケジュールなどを決めた「マーストリヒト条約（欧州連合条約）」が合意された（調印は九二年二月、発効は九三年一一月）。

同条約の批准については各国で大きな議論があった。九二年にデンマークでは、国民投票で否決された。フランスの国民投票（法的には必要ない）では、わずかの差でやっと批准された。また、スウェーデンとイギリスには、通貨統合に参加しなくてもよい権利（オプトアウト条項）が認められた。

こうして、ローマ条約はＥＵ設立条約としてのマーストリヒト条約に代わり、ＥＣ委員会は欧州委員会と改められることになった。

この間九二～九三年に、ヨーロッパ通貨危機が起こり、二・二五％以上の変動が起こり、イギリスとイタリアがＥＲＭから離脱してしまった。そこでＥＲＭの変動幅を上下二・二五％から一五％に拡大する措置をとった。これはＥＲＭの事実上の崩壊と報じられたが、その後の投機をとめたという点で成功であった。変動幅の拡大で投機の上限の壁がみえなくなり、投機筋の意欲をそいだのが要因の一つだった。

以後、若干の遅れはあったが、ユーロは着実に実現への道をたどってきた。九四年一月に欧州中央銀行（ＥＣＢ）の前身となる欧州通貨機構（ＥＭＩ）がフランクフルトに設置された。九五年一二月のマドリッドでのＥＵ首脳会議で単一通貨導入への公式プロセスが承認され、名称はエキュではなく、ユーロ（ＥＵＲＯ）と決定された。

九六年一二月のダブリン首脳会議で、ユーロの運営が財政政策面から破綻しないように、各国の財政政策遂行に制約をかける「安定成長協定」が合意された。九七年六月、アムステルダムでマーストリヒト条約の見直しがおこなわれ、EUの諸規定を強化・補強した「アムステルダム条約」が一〇月に調印された（各国の批准を経て九九年五月に発効）。

また、ユーロ使用の法的枠組みの整備も順次おこなわれていった。九七年、エキュからユーロへの切替え規則が制定された（マーストリヒト条約第二三五条）。①エキュは一対一でユーロに置き換えられる、②契約の継続性（エキュによる契約、各国通貨による契約はそのままユーロへ引き継がれる。ユーロ移管による契約破棄の権利は認められない）、③四捨五入ルールなどを含むユーロへの交換にともなう技術的ルールの設定、などである。

4　Eデイへ向けて

法定通貨ユーロのスタート

一九九八年一二月三一日、EU蔵相理事会は、通貨統合参加一一カ国の通貨とユーロとの固定レートを決定し、公表した。翌年一月一日、各国においてユーロは法定通貨として発効した。

これから三年後（二〇〇二年一月一日）、ユーロ紙幣とコインの流通が始まるまで、そしてその後のユーロと現地通貨の両貨幣の併用期間が終わるまで（二〇〇二年六月末までの半年間と定められているが、二月末までの二カ月間に短縮される可能性もある）、各国の現行の紙幣とコインはいままでどおり流通するが、ユーロとの交換はこの固定レートによっておこなわれる（表2）。

さて、ユーロの九九年一年間の状況と評価を検討する前に、ユーロへの移行状況について述べておこう。

九九年一月一日から、ユーロは現金以外の金融取引や信用決済に使用できるようになった。公共部門、銀行間取引はすべてユーロとなり、企業間取引は各々の企業がタイミングをみて二〇〇二年までにユーロへ移行していく。

	1ユーロ＝
ベルギー・フラン	40.3399
ドイツ・マルク	1.95583
スペイン・ペセタ	166.386
フランス・フラン	6.55957
アイルランド・ポンド	0.787564
イタリア・リラ	1936.27
ルクセンブルク・フラン	40.3399
オランダ・ギルダー	2.20371
オーストリア・シリング	13.7603
ポルトガル・エスクード	200.482
フィンランド・マルカ	5.94573

表2　ユーロ圏11カ国のユーロへの交換レート表

また、個人ベースでも、ユーロ建ての口座を開設することができる。現地通貨建ての口座を、口座番号を変えることなくユーロ建てに変換することもできる。ただし、いったんユーロ建てに変換した口座は現地通貨建てに戻すことはできない。銀行の振込用紙はユーロと現地通貨の両方を使用できるフォームになっている。

生活面では、小切手、クレジットカード、キャッシュカード、トラベラーズチェックなど、現金以外の取引であれば、ユーロによる取引が可能である。電話料金や電気・ガス料金などの公共料金の請求総額の欄には、ユーロ換算額が追記されるようになった。厚生年金もユーロで受け取ることができる。小売店でも、スーパーなど大手チェーンでも、商品価格表示を現地通貨とユーロの両方で表示するようになった。

小売店でクレジットカードや小切手で支払う場合、ユーロで決済したいといえばユーロ決済ができる。スタート当初は、店のカウンターでユーロで決済しますかとすすめると、かなりの人が面白がってやってみようかということになった。しかし、その後の消費者のユーロによる支払いはいぜんとして少ない。

ユーロ紙幣とコインのデザイン

現在、ユーロ圏（一一カ国）には一〇種類の通貨が流通している（ルクセンブルクはベルギー通貨を使用しているためである）。二〇〇二年から流通するユーロ紙幣は五、一〇、二〇、五〇、一〇〇、二〇〇、五〇〇ユーロの七種類。コインは一および二ユーロ、それにセント・コイン（一〇〇セント＝一ユーロ）として一、二、五、一〇、二〇、五〇セントの八種類が発行される。

紙幣の表にはヨーロッパの各時代の建築様式の建物がイメージされ、架空の建物の門や窓などが描かれている。特定の建築物を採用すると他国から不満が出る恐れがあるため、架空のものを採用したようだ。これはヨーロッパ文化全体を象徴し、「EUの公開性と協調性」を表現したものとされる。裏はヨーロッパの人々と橋が描かれている。世界を結ぶということを意味しているという。

コインは、表は各国共通だが、裏は各国独自のデザインとした。表はヨーロッパの地図とE

ユーロの紙幣とコイン
Draft banknote design
©European Monetary Institute, 1997/
European Central Bank, 1998
Coins
©The European Commission

U旗の一二の星があしらわれている。裏は、たとえばドイツのコインならば双頭の鷲、ブランデンブルク門などが刻まれている。

欧州委員会は、流通以前の一九九九年一月から二〇〇一年一二月三一日までの間の記念コインの発行、ユーロ硬貨に似たデザインのコインやメダルの製造を禁止している。一般消費者の混乱や、潜在的な詐欺行為の防止のためである。

移行期間は三年

欧州委員会は、一九九八年一〇月に二〇〇二年のユーロ貨幣の流通開始に関するハンドブックを作成し、広報に努めはじめた。当然のことながら、ユーロはまだそれほど普及していない。企業レベルでも、ユーロ表示をおこなっている企業は、九九年夏ごろで全体の三五%程度という。企業によるユーロ圏内での国際決済には、銀行間の手数料などがいぜんとしてかかっているため、ユーロ決済のメリットがみえないという点も指摘されている。

完全導入までの移行期間を三年もとることにしたのは、中小企業の対応に配慮したものであるが、いままでは三年間は長すぎる、もっと早く移行すべしとの議論もある。小売店レベルでは、全商品についての価格表示を二重にするのはコストがかかりすぎる、カタログが見にくくなるなどの理由で、二〇〇二年までの移行期間を通じて段階的に拡げていくとしているところも多い。

二〇〇二年一月の流通開始についても、年末年始のセール時期に混乱を招くことになりかねないので、一〇月か二月の非セール期（この両月は一月の売上額の六〇％程度という）にずらすべきだという意見もある。さらに、六カ月の併用期間は長すぎ、コストもかかりすぎるとの指摘もある。この時期だけはどんなことがあっても、二つの価格表示をしなければならないし、おつりを二種類用意しなければならないからである。併用期間を短縮することが各国の裁量に委ねられているため、国によって差異が生じることを懸念したEUは、九九年一一月の蔵相理事会で、当初予定の六カ月から、二カ月に短縮してもよいことを確認した。

しかし、導入まで三年間と決めた以上、そんなに簡単に変更できるものではない。たとえば、駐車場や自販機などのコイン・マシーンの新通貨への対応は、三年間の移行期間を前提に、機械の製造が計画されているわけで、いまさら二年間に短縮されたら対応が間にあわず、むしろ混乱が起きるだけだと反論されている。

欧州委員会はこうしたユーロの前倒し導入の要望にたいし、九九年四月に報告書を発表し、①ユーロ紙幣・硬貨の製造期間を短縮するのは技術的に困難である、②コンピュータ二〇〇〇年問題とのからみから、情報システムの混乱を招く恐れがある、③行政機関の対応が複雑化する、④三年の移行期間は理事会規則で定められたもので、現段階での変更はEUの信頼性を損ねかねない、といった理由を表明した。

小売市場ではかなりの混乱が起こるのではないかと懸念されている。一般の人々がどうユーロと自国通貨との交換レートに慣れるかという問題である。たとえば、マルクからユーロへの換算は「二で割ればよい」(一ユーロ＝一・九五五八三マルク)、イタリア・リラからの換算は「二〇〇〇で割ればよい」(一ユーロ＝一九三六・二七リラ)。しかし、オーストリア・シリングの場合は、「一ユーロ＝一三・七六〇三シリング」で、マルクやリラのような微調整の範囲を超えたやっかいな換算レートだから、消費者にはさぞや頭の切替えがむずかしいだろう。

頭の中で自動的に換算できるようになっていないと、庶民は買い物を渋りがちになり、購買心理が変化する恐れがある。そこで小売業界が恐れている問題の一つは、二〇〇二年の消費支出が大きく落ちこむのではないかということである。これはヨーロッパ経済にとっては大問題である。そのためにも、流通開始までに国民の頭の中に換算率が自動的に入っているように、三年の間に換算レートを普及させ、慣れてもらわなければならない。

ユーロへの切替えに便乗した値上げもあるかもしれない。それを警戒した消費者団体から、価格を現地通貨とユーロの二重表示を義務づけるように要求する声があがっている。そこでオーストリアでは九九年六月に、これについての法律を議会で可決、二〇〇一年一〇月一日から二〇〇二年六月三〇日までの間、二重表示が義務づけられることになった(従業員一〇人以下の零細業者は対象外）。オーストリアはＥＵ加盟国で最初の二重表示義務づけ国となり、現在、ほとんどのデパート、スーパー、ドラッグストア、量販店で、値札はシリングとユーロの二重表示となっている。

ドイツ小売業連盟では、九九年一月から商品の一部をマルクとユーロで二重価格表示するという自主協定を、九八年一〇月に消費者団体との間で締結している。

他方、こんなうがった話もある。二〇〇二年六月（二月末までに変更の可能性もある）で現地通貨が使用できなくなるので、九九年から二〇〇二年の交換期限までの間に、諸般の事情でタンス預金されている現金、あるいは銀行に預けられない泡銭《あぶくぜに》をもっている人、あるいは銀行の窓口にもっていって交換したくないほどの巨額な現金をもっている人などは、それまでにそれを使いきらねばならないことになる。そうしたお金はかなりあるはずだろうから、これらがこれから消費市場で使われることになるため、移行期間のユーロ圏の消費支出は相当堅調にいくのではないか、したがってユーロ圏経済は、二〇〇二年初めまでは順調に推移するのではないかというのである。

ちなみにスペインが九八年に続き、九九年に入っても個人消費が好調であった秘密は、このタンス預金消費のせいではなかろうかと思われる旨の報告がある（「ジェトロ通商弘報」九九年九月一三日付）。経済学的には、これは、ユーロ導入以前の大幅な金利引下げによる景気への刺激、雇用の改善、九八年末の所得税改革による実質減税、株式市場の好調などが理由として説明されている。しかし、実質家計統計をみると、収入の伸び（事務系従業員世帯では前年比実質一・四％増）より支出の伸び（同三・〇％増）の方が大きい。その差額はローンによるものと考えられるが、ローン残高の伸びは大きくはない。むしろ乗用車の場合、販売台数は伸びているのに（二〇％増）、ローン成約件数は五％近くの減少である。つまり現金で買っている人が増えていることになる。スペインの新聞には新築マンションや別荘の広告が満載され、街では真新しいメルセデスやＢＭＷが幅をきかせ、高級レストランはいつも満員で予約が取りにくい。まさにユーロ移行のタンス預金バブルではないかというわけである。

企業と国民への啓蒙

政府としてはユーロへの移行がスムースにいくよう、情報提供サービス態勢を完備し、準備を進めてきた。フランスでは一九九八年一一月から一般向けのキャンペーンを開始した。『ユーロの手引き』という無料の小冊子を三三〇〇万部印刷して全世帯に配付し、郵便局、タバコ・新聞販売店などにも配置した。小冊子は全一六ページで、九九年のユーロ発足から二〇〇二年の貨幣流通までの期間についての解説、給与受取りや計算方法、税金や社会保険料の支払い方法、商店などでの価格表示の仕方、銀行口座や預金の取扱い、外貨との両替、さらにパンや新聞などの身近な商品についての、ユーロとフランの標準価格が並列表示された表などを掲載して、分かりやすく説明している。各国とも、こうしたパンフレットを作成・配付するとともに、インターネットのホームページを開設したり、ユーロ情報専用電話、中央銀行の専用電話、ユーロ・インフォメーション・センターなどを設置したりしている。

ヨーロッパの流通業界団体であるユーロ・コマースは、移行期間中の二重価格表示に関する自主規制に合意、実行した小売企業には「ユーロラベル」を交付するとしている。規制の内容は、二重価格表示の手数料は上乗せしない、二〇〇一年七月までに過半数の商品を二重価格表示にするなどである。フランスの小売企業のルクレールは、九八年五月に「もうすぐユーロ」という全国キャンペーンを開始し、二重価格表示をおこなっている。

ドイツ小売業連盟では、ユーロ導入への準備に、業界全体で総額一四〇億マルク（約七二億ユーロ）をかけ、全店舗の半数が九九年一月のスタート日からユーロ受入れ態勢を完了していたという。

ユーロへの移行広報で問題なのは、大企業はともかく、中小企業の理解を得ることである。コンピュータによる会計処理の変更をするだけでも、種々の障害が発生する恐れがあり、混乱を避けるためにも約三年間の準備期間が必要とみられている。

もう一つは、一般庶民もさることながら、低所得者層が情報不足で不利益をこうむることがないよう、こうした層を対象としたキャンペーンが必要だということである。そこで低所得者向け住宅の居住者には、ポスターやマンガ版の小冊子を作成し配付している。また、都市郊外のスラム化した地区など社会問題を抱えた地域への対応策として、政府は民間公益団体（NGO）などを含む各種地域団体と協力協定を結び、また低所得者住宅の管理人にユーロの知識をもってもらい、住民に説明する役割をたくしている。

Eデイ作戦

ユーロの現金が流通を開始する二〇〇二年一月一日は「Eデイ」とよばれている。このEデイをどう迎えるかも、ユーロという実験にとっては話題の一つである。

たとえば、一一カ国だけでも紙幣が一三〇億枚、コインが五六〇億枚も交換されることになるといわれる。この数がいかに膨大かは現実味がないが、オランダの場合でも、事前に造ったユーロ紙幣・コインのために、現在の一五倍もの大きさの安全な倉庫が必要だという。また、その現金を一月一日の早朝までに一一カ国中の銀行、小売店などに届ける必要がある。フランスでは流通現金の三分の一はスーパーやデパートで扱われているといわれており、他の国でも同じ状況といえるだろう。オランダのような小国ですら、一五億個のコインを含む大量の現金の配給計画では、一トン・トラック二五〇台で八〇〇〇回の輸送が必要だという。

旧貨幣の交換には、現金自動交換機を作る案もあるが、しかし短期間しか使わない交換機の設置は、コストもかかりすぎるため設置しない方向だという。そこで人々は銀行のカウンターに列をつくって現金交換することになりかねない。そうなると、たとえばドイツでは全部の交換を銀行窓口でおこなおうとすると、二〇〇〇カ月を要する計算になるらしい。もっとも、こうした混乱は一過性であり、事前の計画で相当対応可能となるであろう。

一般向け貨幣の流通の七〇％は、自分の預金から現金自動支払機（CD）を通して受け取られている。現金自動支払機は、Eデイ当日からユーロ紙幣のみとなる。

小売店への新貨幣の供給をどうするかも一つの焦点となっている。小売店側からは、レジ部門での混乱を防ぎ、レジスターの変更やレジ担当者の適応をはかるため、クリスマス商戦ごろには事前供給してほしいとする声がある。

そこで、金融機関や大型店には、事前に十分な量を前渡しする。ただし、小規模店までは前渡しはむずかしい。また、ベルギーなどでは、Eデイの半月前から、全八種類のユーロ硬貨を取り混ぜて入れた「買い物キット」を発売する計画だ。事前に慣れてもらうのと、旧通貨の事前回収も兼ねることになる。

いずれにしろ、当初は自国の通貨にたいし愛着がありながらも、ひとたび夏を迎え、ヨーロッパ人が民族大移動（バケーション）を起こすころには、統一通貨ユーロの便利さと、為替手数料を支払わないでもすむことのメリットに目覚め、違和感はなくなり、急速にユーロは浸透していくことになろう。これまで銀行は六％もの為替手数料を取っていた。ＥＵ一五カ国を旅行すると、最後には貨幣価値が銀行の手数料によって大きく目減りしてしまうことを私たちは、何度も体験している。ユーロの誕生で、すでに銀行は為替手数料を半分に引き下げたり、取らない銀行も登場している。あと一年半もすると銀行には為替手数料がほとんど入らなくなることになるため、すでにその準備競争が始まっているのである。

そして、こうした統一通貨ユーロの使用を通して、人々に「ヨーロッパ市民」という意識が浸透していき、ヨーロッパは次の新しい段階へと入っていく契機を作りあげていくことになるであろう。

第二章　ユーロの一年——その影響と評価

1　ユーロ相場の評価

ユーロは、徐々に定着し、信認への過程にあるといってよい。導入プロセスとしての技術面でも、発足当初から「ユーロシステム」（現在のユーロ圏一一カ国による中央銀行の仕組み）は問題を引き起こすことなく機能した。当初、欧州中央銀行（ＥＣＢ）の域内資金決済システム（ターゲット。第四章参照）が参加者の不慣れのために稼働時間の一時的延長を必要とした程度で、制度設計の正確さをいまさらながら示し、成功裏に運営されてきている。

ユーロ相場の動き

ユーロの初値は一九九九年一月四日のシドニー外国為替市場でついた一ユーロ＝一・一七四ドル、一三二円五八〜六三銭であった。ヨーロッパ市場でも一・一八七ドルのご祝儀相場で、ユーロは高目でスタートした。

しかし、その後ユーロは徐々に下げはじめ、四月時点には一ユーロ＝一・〇八〜一・一〇ドルと弱くなっていた。これにたいし、ドイセンベルクＥＣＢ総裁は「これは九七年六月から九八年九月までの相場とほぼ同じであり、われわれが現在の相場に不満足ということではない」

と述べ、一ユーロ＝一・一七四ドルという当初相場が高すぎたという考えを示した。

九八年のヨーロッパは、経済の成長とユーロ導入フィーバーで、ヨーロッパの未来にたいし強い期待を抱く「ユーロフォリア（ヨーロッパ楽観主義）」の状態にあった。それを受けて、ヨーロッパ地域の基軸通貨であるドイツ・マルクは、九八年九月以降の四カ月だけで一〇％以上も上昇していた。したがって初値から一〇％程度の低下はフィーバーの調整だといえた。

しかし、以後もユーロはヨーロッパ経済の後退懸念から「最安値」を続け、七月半ばには一・〇一ドル台、初値から比べ約一四％も下落してしまった。これにたいしＥＣＢは、ユーロ圏経済のゆくえを心配しながらも、下半期にはヨーロッパ経済は回復へ向かうという見通しを示し、基本的には四月時点と同じ姿勢をとり続けた。

欧米の一部マスメディアは、「まもなくパリティ（一ユーロ＝一ドル）のときがくる」と騒ぎ、「ユーロシステムには構造的欠陥があり、ユーロは強い通貨にはなれない」と揶揄《やゆ》するコメントもみられるようになった。

八月になるとユーロは上昇をみせはじめ、ヨーロッパ経済の上昇見通しがあきらかになるにしたがい、一〇月には一・〇九ドルまでもち直し、半年ぶりのユーロ高・ドル安水準となった。ＥＣＢは「域内物価の安定に支えられ、ユーロは強い通貨になる潜在的な力をもっている」と言い、市場のユーロ買いを歓迎した。

適切な為替水準の算出方法の一つとして、インフレ率格差で換算する購買力平価（ＰＰＰ）があるが、ＥＣＢの試算ではこれは一ユーロ＝一・〇六〜一・〇八ドルで、国際決済銀行（ＢＩＳ）の試算では一・〇五〜一・一五ドルとなっている（九八年次報告）。したがって、一〇月には本来の均衡レベルに戻ったと考えられる。

ヨーロッパ経済はその後も順調に成長を続けていた。欧州委員会は、一一月末の秋期予測で、九九年のＥＵの経済成長率を当初予測どおり二・一％（ユーロ圏も同率）として、二〇〇〇年の予測を、春期予測の二・七％から三・〇％（ユーロ圏は二・九％）へ上方修正した。しかし、アメリカの第４四半期の経済成長率（前年同期比）が四・八％と、一段と力強さをみせ、株価も順調に伸びていたため、欧米の相対的な景気格差があきらかになった。

そこで、ユーロの上昇を見込んで買いこんでいた投資家が、年末の決算期を控え、大量の損切りに踏みきり、景気のいいアメリカや、景気回復のみられる日本へいったん資金を戻した方が安心として、ユーロを売りはじめた。こうしてついに、一二月二日、一ユーロ＝〇・九九九五ドルと、心理的な壁となってきた一ユーロ＝一ドルを初めて割りこみ、「ユーロ独歩安」の状況となった。かくして、ユーロは一一カ月間で約一六％も下落してしまった。また、このとき、世界の主要三通貨が、一ユーロ＝一ドル＝一〇〇円と並ぶという歴史的できごととなった。

しかし、こうした一ドル割れも、市場参加者は、ユーロの下値の目安が実現したとして、冷静に受けとめた。ユーロ安にあわてないドイセンベルク総裁の態度が、かえって長い目では国際通貨としてのユーロの信認を高めたとする指摘もある。また、ユーロ圏経済は、アメリカのように力強くはないものの、順調に成長しており、今後はユーロ安が輸出にさらにプラスに働き、「二年後にユーロ圏の経済成長率はアメリカを上回る可能性がある」という、ドイセンベルク総裁の発言もあながち空言ではないからである。

一ドル割れ後のユーロは急反発し、六日には一ユーロ=一・〇二四一ドル、一〇五円二〇銭に戻している。一〇月のユーロ圏の失業率が、九二年一二月以来七年ぶりに一〇%以下に低下した（九・九%）と発表されたことを受けたものである。そして、九九年一二月三一日の相場は、一ユーロ=一・〇〇六〇〜一・〇〇七〇ドルであった。

このように、九九年の為替レートは、前半はドイツ経済の動向によって、後半はアメリカ経済（株式相場）の動向によって、ドル―ユーロ相場は変動した。

ユーロ・レートは中期的には、証券投資や各国の外貨準備へのユーロとり入れなど、運用資産にふり向ける通貨として徐々に信認されていくことによって、堅調に推移していくものとみられるが、短期的には、今後とも、アメリカ株式市場とドイツ経済との連動性が続くものと思われる。

この一年を振り返ってユーロの変動要因の意味を以下に説明することとしたい。

欧米間の景気格差

ユーロの為替レートに変化をもたらした要因は、前述のように欧米間の景気格差（循環要因）であった。ユーロは、〝構造的〟要因ではなく、主として〝循環的〟要因で変動してきた。

一二月初めに一ドル割れまで下がった「ユーロ独歩安」の状況が起こったのも、欧米の景気格差と、世界を徘徊する貪欲な投資家たちが、年末を控えた決算期に、為替差損回避のため、資金移動を加速させたことによるものである。ユーロ安は、こうした実体経済からかけ離れた、相対評価によって起こったものにすぎず、ユーロの弱さが表面化したわけではない。しかし、このとき、それ以外にも犯人探しとして、メディアでは、次のような点が報じられた。

①ECBの通貨政策の不透明さがユーロ売りにつながった。ECBは一一月四日に、政策金利を一挙に〇・五%も大幅利上げしたばかりであったため、一ドル割れにあたり、利上げをほのめかすなどの介入発言ができなかった。この大幅利上げというECBの政策手法は、アメリカ連邦準備制度理事会（FRB）のやり方と比べ問題がある。FRBは、一九九九年は六月、八月、一一月に金利を引き上げたが、引上げにあたっては、政策方針を引締めに変える旨、まず市場にサインを出し、さらに〇・二五%ずつ小刻みに上げていった。ECBの一挙

の利上げは混乱をもたらした面がある。

②ドイツのシュレーダー首相による、破産の危機に直面した建設大手フィリップ・ホルツマンの救済や、ドイツの携帯電話大手マンネスマンのボーダフォン・エアタッチ（英）による株式公開買付け（TOB）にたいする不快感の表明などは、市場経済や構造改革に否定的な姿勢として受け取られた。これにたいし、ドイセンベルク総裁が、「ドイツ政府が企業への介入に乗り出したことは、市場主導の改革を進めるヨーロッパのイメージ向上につながらない」と発言するなど、域内の足並みの乱れがみられ、またヨーロッパ経済は規制色が強いと受け止められたことから、投資家のユーロ資産売りを誘った。

③ユーロ域内諸国の景気回復テンポに違いがあり、これがユーロ相場に方向感を失わせ、ユーロの上昇を抑制している。ドイツなどはユーロ安が望ましいが、スペインなど好調な国はユーロ安によるインフレ懸念を警戒する必要がある。

④ユーロ安の要因は、企業買収資金の流れがもたらしたものである。ヨーロッパ企業による域外企業の買収が急増したためである。JPモルガン調査の「M&A収支」によると、九七年から九九年九月までの累計で、ヨーロッパは三四三〇億ドルの赤字（資金流出）を記録し、アメリカは二〇〇〇億ドルの黒字（資金流入）となっているという。こうしたアメリカ企業買いの動きが九九年に入っても加速化したことによる。

⑤ユーロ圏諸国の貿易構造は、域内貿易比率が五〇％を占める。そのため、ユーロ安が域内にそれほど影響を与えないため、対外的な通貨価値に鈍感となりがちとなる。これがＥＣＢが市場介入に消極的な要因となり、ユーロ安を招いている。

⑥ユーロ安要因は、使い勝手のいい国際通貨として認知された副作用の面がある。ユーロ債の大量発行がユーロ安につながっている。国際市場で域外企業や政府によるユーロ建て債の発行が急増しており、発行者はユーロで調達した資金を、ユーロ以外の通貨に変換するためユーロ安を誘因している。

ユーロ防波堤論

ユーロがスタートしたとき、アメリカの株式市場は歴史的な株価上昇を続けていたものの、バブル経済懸念が表面化し、アメリカ経済の調整のゆくえを世界は固唾《かたず》をのんで見守っていた。他方、アジア経済はいぜん回復基調をつかみえず、ロシアでルーブル危機が起き、ブラジルを中心とする中南米への波及が懸念されていた。そんな中で、ユーロのスタートは歓迎されたのである。

ブラジルなどで経済危機が起きると、これがアメリカの株式市場に波及し、投資家はアメリカの株式を売却するだろう。そのとき、ユーロの登場によって、この売却資金の逃避先としてユーロ圏が受け皿となり、国際資金移動は混乱なく吸収されていくだろうと期待されたのである。これが「ユーロ防波堤論」である。

しかし、ユーロ発足直後の一九九九年一月一五日、実際にブラジルで経済危機が起きて、固定相場制（一定幅内でのみ変動可能なワイダーバンド制）から自由変動相場制に移行した。このとき、その影響を受けたニューヨーク株式市場からの逃避資金は、ユーロ圏の金融・資本市場への投資に向かわず、アメリカの国債市場に向かった。つまり、ユーロ圏が本格的な投資先として市場から認知されるには、まだいたっていなかったということを意味するといえよう。

有事のドル

ユーロ相場が三月以降低下してきた理由の一つにはコソボ紛争があった。一九九九年三月の北大西洋条約機構（NATO）軍のユーゴ空爆開始直後、ユーロはいっそう低下していった。「有事のドル」の構図は変わっていなかったのである。基軸通貨国であるためには、世界に冠たる軍事力が必要だとされているが、ユーロ圏にはアメリカの軍事力に対抗するものがない。それでもユーロは基軸通貨たりうるのか、と問われたのである。アメリカとヨーロッパの軍事同盟NATOはコソボ紛争でユーゴスラビアを一応は屈伏させ、和平交渉が成立し、六月にコソボへの進駐が始まった。

欧州連合（ＥＵ）全体の軍事力はアメリカに次ぐものである。九九年五月に発効したアムステルダム条約で、ＥＵ諸国の外交、安全保障、防衛面での統合をはかるべく、外交安全保障政策担当理事会の強化をおこない、事務局長としてソラナ前ＮＡＴＯ事務総長を選出した。また、イギリスもＥＵに協力する方向で方針転換をはかった。

そして、一二月のベルリンでのＥＵ首脳会議で、ヨーロッパ域内の紛争や平和維持活動に対応する独自の緊急対応部隊創設を決定した。緊急部隊創設へ向けて各国の政治・軍事代表からなる暫定機関を、二〇〇〇年三月にも発足させる。この新部隊の創設は、ＥＵにとって初めての共通安全保障政策となり、軍事面でも共通政策に一歩踏み出すことになる。緊急対応部隊は、各国から招集するもので、一年以上継続可能な五〜六万人規模の部隊を、六〇日以内に展開できる態勢を二〇〇三年までに整えるとしている。

つまり、ＥＵはついに、人権、民主主義、民族浄化反対などの「ヨーロッパ的価値」への侵害にたいする事態には、軍事介入できる態勢を整えることになる。コソボはその先駆けでもあった。

確かに、九九年においては、ユーロがスタートしたばかりであったことから、市場はじゅうらいどおりの「有事のドル」へ反応した。しかし、その後のコソボへのＮＡＴＯ軍の進駐によって、再開発へ向けた「コソボ特需」が期待され、これもユーロ経済の回復期待要因の一つとなった。

政治的介入発言

ヨーロッパの政治家は、欧州中央銀行（ＥＣＢ）の独立性を承知しながらも、ユーロ誕生にともない金融・為替政策の権限をＥＣＢへ委譲したこと、財政政策についても「安定成長協定」（八五〜七ページ参照）によって、一定のタガがはめられていることにたいする不満も残っている。そこで国内向けの政治的発言としてＥＣＢを批判し、ユーロがマスメディアによって必要以上に取沙汰される状況を作ってきた。これも発足当初の不慣れやＥＣＢの伝統が形成されていないことによるといえよう。

その典型例がドイツのシュレーダー新政権の蔵相（当時）だったラフォンテーヌの言動だった。ＥＣＢ政策への介入的発言が、ロンドンのマスメディアを通じて、ＥＣＢとラフォンテーヌとの抗争劇として過剰に流れ、ユーロにたいする市場の信頼を失わせることになった。ラフォンテーヌもじつは安定成長協定を反故《ほご》にすると言ったことはなく、むしろ遵守すると言っていた。ドイツやフランス当局者に聞いても、ＥＣＢはまったく傷つけられていないという醒《さ》めた回答であった。

また、当時、次期欧州委員会委員長に決定していた、イタリアのプロディ首相の発言が「イタリアのユーロ離脱の可能性」を示唆するものと曲解して報道されたこともあった。さらに、五月のEU蔵相理事会で、一九九九年の財政赤字幅をGDP比二・〇%以下に抑えるよう求められたイタリア政府が、景気低迷による税収の悪化、コソボ紛争の影響による観光・漁業収入の減少などから、二・四%まで目標上限を引き上げてしまった。このイタリア政府の財政基準を逸脱しかねない姿勢は、ユーロへの不安材料として報道され、継続的なユーロ安をもたらした。

その後イタリア政府は、市場とEUの指導にしたがい、七月に財政赤字の大幅削減をめざす財政四カ年計画を発表した。これによると、九九年の対GDP財政赤字比率は二・〇%、二〇〇〇年には一・五%、二〇〇三年には〇・一%とする大胆な削減案となっている。

九九年を通じて、ECBと各国財政当局との対話・協調体制のルールはしだいに形成されつつあり、ECB体制は順調に確立してきているといえる。

機関投資家の投資行動

ユーロの実現性が高まった一九九八年には、前述のような「ユーロフォリア」とよばれる状態が起きた。そのさいのドイツ・マルクの高値に引きずられる形で、ユーロも高いレートからスタートした。そこで世界の機関投資家はアメリカ・ドル債投資を減らして、マルク債などユーロ圏諸国の債券を大きく購入した。

日本の個人資産一二〇〇兆円のゆくえも、この機関投資家の投資行動の一つとして大きな影響を与えた。九八年四月から外国為替法が改正され、日本人は誰でも海外に個人口座をもてるようになった。そのため日本の個人資産の投資先の多くが、ユーロになるのではないかと期待されたのである。とくに、日本の生命保険基金を中心とする投資資金が、どの程度ユーロへ回るかが、ユーロが信認されるためにも、大きく期待されるところだった。

また、日本はアメリカの最大の債権者であり、日本のユーロ圏への投資シフトがユーロ成功のカギにもなる。九八年には確かに、これら日本のかなりの資金がユーロ投資へ回り、保有している外国債のユーロ比率を引き上げてきた。

ところが、九九年に入ってからのユーロ安の持続によって、各国同様、日本の金融機関などの機関投資家もユーロ建て債券を売り逃げするケースが増え、ユーロ安を持続させる要因の一つとなった。

さらには、ユーロ圏諸国は、健全な経済運営をおこなわないかぎり、ただちに市場から罰せられるという経験もした。イタリアが二%という財政赤字目標を達成できないと予告しただけで、ユーロが安値を更新するという事態を招いたのは、そのためである。基本的に健全な財政政策とインフレ抑制、そして構造改革が、ユーロの安定と信認のために必要なのである。

外貨準備のユーロ・シフト

基軸通貨として信認されるということは、多くの国がその外貨準備をユーロでももつようになることを意味する。

ユーロ発足前、中国はその外貨準備の四〇％をユーロで保有する方針である旨、発言したと伝えられた（このときの中国のヨーロッパ通貨建て外貨準備比率は二〇％といわれる）。一九九八年一〇月に、当時のサンテール欧州委員長が訪中したとき、中国首脳は外貨準備高一五〇〇億ドルのうち相当量をユーロに切り替える計画をあきらかにし、将来的にはドル・ユーロ・円その他の外貨保有比率を四対四対二にすると示唆したと報じられた。これはアメリカ国際経済研究所のバーグステン所長が提示した、世界でのドル・ユーロ・円の比率と同じである。この中国の発言はユーロ発足への大いなる支援となり、強いユーロで発進する要因の一つとなった。しかし、九九年中には中国はその方針の実行に踏みきるにはいたっていないようである。

ユーロは「媒介通貨」（取引や決済、表示や契約などの媒介に使われる通貨）としては、九九年中に信認を確立したといえるが、証券投資や外貨準備など運用資産にふり向ける「資産・準備通貨」としては、まだ信認されるにはいたらなかったといえよう。

構造的要因

ユーロ安が持続しているころ、これを構造的要因によるものだという説もあった。ユーロシステムそのものの欠陥、ヨーロッパの高失業率や労働市場の硬直性という構造、税制格差や会計制度の違いなどによる、ヨーロッパ金融市場の使い勝手の悪さなどがその要因として指摘されてきた。アメリカのバブル経済が崩壊して、世界経済が混乱に陥ることがあれば、ユーロシステムも吹っ飛んでしまうだろうという人もいた。

一九九九年秋以降のユーロの上昇は、こうした構造説によってそれ以前のユーロ安が起こったわけではないことを示している。しかし、やはり基本的には、ユーロが長期的に信認されるために、第五章で述べるような構造改革が必須であることはいうまでもない。

ヨーロッパ経済の本質的課題は、ユーロ導入にともなう競争の激化を通じて、産業競争力が向上するかどうかにある。そのためには、労働市場の柔軟性、社会保障改革、税制改革などの構造改革に本格的に取り組んでいくことが必要となる。そして、産業競争力の強化を通じて経済が刺激され、雇用が創出され、ヨーロッパ各国の雇用の増大、失業率の低下が起こったとき、ヨーロッパ経済は再生したと、人々にいわれることになるのである。

各国政府は、物価の安定や債務の削減に努力し、金融政策と経済政策における課題を解決しないかぎり、また企業も、各国政府とともに大競争時代に対応した労働市場の改革や企業改革をおこなっていかないかぎり、ユーロはそれなりの信認を得ることはあっても、ドルに対峙するもう一つの基軸通貨の地位を占めるにはいたらないことも確かであろう。

ユーロの見通し

今後のユーロの見通しは、長期的には堅調に推移していくと思われる。詳しくは後の各章で述べるが、その要因をあげておこう。

第一は、ユーロへの信認はアメリカ経済とヨーロッパ経済の先行きによって分かれるが、現時点は好調なアメリカ経済も、いずれ調整局面に直面するだろうこと。現在のアメリカ経済は、ヨーロッパと日本の資金が支えている状況にある。一九九九年に三三〇〇億ドル（見通し）へ急増した経常収支赤字は、二〇〇〇年にはさらに四〇〇〇億ドル近くに膨らんでいくだろう。アメリカは巨額の貿易赤字と、経常収支赤字を出し、ドル信認にたいする潜在的リスクを常にはらみながら、世界から資金を吸収し続けている国である。アメリカ経済が調整局面に入ると、この巨大な経常収支赤字の危険性が注目を集め、ドル急落材料となりかねず、ユーロへの信認が高まってくる場面もあろう。アメリカはドルの信用を維持するために、本格的な対外収支の赤字解消に乗り出さざるをえないからである。

第二は、ＥＣＢはインフレ対策のみならず、経済成長も視野に入れた金融政策をとる覚悟があることを、九九年四月の金利引下げ措置によって示したこと。

第三は、世界各国で外貨準備の一部をドルからユーロへ切り替える傾向が、徐々にではあるが高まりつつあること。

第四は、ヨーロッパ企業のリストラクチャリングが相当進展している一方で、失業問題への果敢な対応がすでに始まっており、これらはしだいに成果をあげていく可能性がありうること。

第五は、EUには巨大な余剰外貨準備があること。現在ユーロ圏は世界最大規模の外貨準備保有経済圏となっている。九九年一月時点で、一一カ国の外貨準備総額は約二二七四億ユーロ、そのうちの八カ国だけで、金の保有量はアメリカに匹敵し、外国通貨による保有総額では日本の水準に相当する。ECBの外貨準備は総額五〇〇億ユーロを上限として参加国から上納させることとなっている。これは一五カ国の場合で、当面は一一カ国分のみであるため、三九五億ユーロ相当額となる。その内訳は、金を一五%、それ以外を八五%とする方針である。現在のところ、この余剰外貨準備高はドルと金を合わせて約一九〇〇億ドルに達するという（JPモルガン発表によるデータ）。これは今後のユーロ—ドルレートへのECBの介入が必要な場合、ユーロ圏側にイニシアチブがありうることを意味する。これは、ECBの為替レートへの介入力を強め、ユーロ側の為替調整能力を高め、ユーロへのアタックにたいする潜在的な抑止力となりうる。

各国の国庫に残る余剰外貨準備の取扱いは、ＥＣＢ理事会のガイドラインにしたがわねばならず、勝手に処分してはならないことになっている。しかし、実際にはすでにそのうちの金が世界市場に流出しており、金の国際価格を押し下げる要因となっているといわれている。また、イタリアのプロディ首相（現欧州委員会委員長）は、この余剰外貨を経済活性化のために公共投資に投入する構想を表明したことがある（九八年一〇月）。

2　欧州中央銀行の政策評価

欧州中央銀行制度の創設

まず、欧州中央銀行の制度について解説しておきたい。

ユーロの導入にともない、ユーロ圏の中央銀行として欧州中央銀行（ＥＣＢ）が設立され、金融・為替政策を運営するためのユーロ圏各国中央銀行を包含した「欧州中央銀行制度（ＥＳＣＢ）」が創設された。ＥＣＢは中央政府なき中央銀行である。

ＥＳＣＢは、政策決定をおこなうＥＣＢと、その政策遂行機関である加盟国の各中央銀行からなる。ＥＣＢは銀行券（ユーロ）の発行を認可する権限を独占的に有し、金融・為替政策を策定する最高意思決定機関となっている。すなわち各国の金融・為替権限はＥＣＢに委譲され

欧州中央銀行（ECB）

(1)政策理事会（ガバニング・カウンシル）：最高意思決定機関
・ECB総裁・副総裁・理事（４人）：６人 ┐
・EMU参加各国中央銀行総裁：現在11人 ┘─17人
＊１人１票単純多数決
(2)役員会（エグゼクティブ・ボード）：業務執行機関
・ECB総裁・副総裁・理事（４人）

(3)一般委員会＝EMU未参加国との調整機関
・ECB総裁・副総裁（理事は出席できるが、投票権なし）
・EU加盟15カ国中央銀行総裁

図1　欧州中央銀行制度（ESCB）〈ユーロシステム〉

（注）ESCBはEMU参加国が15カ国となった時の名称で、11カ国による現時点では「ユーロシステム」とよばれている。

たのであり、各国中央銀行はＥＣＢの下部機構的なものとなる。

前に述べたように、ＥＳＣＢはＥＵの全加盟国一五カ国がユーロに参加した場合を想定した制度であるため、現在の一一カ国からなるシステムを、ユーロシステムと呼んで区別している。しかし、システムのメカニズムはまったく同じで、理事会を構成する各国中央銀行総裁の人数が、現在は一一人であって、一五人でないというだけである。

最高意思決定機関は「政策理事会（ガバニング・カウンシル）」である。ＥＣＢ総裁（ドイセンベルク総裁）、副総裁（一人）、理事（四人）、および参加一一カ国の中央銀行総裁（一一人）によって構成される。執行機関は「役員会（エグゼクティブ・ボード）」で、ＥＣＢ総裁、副総裁、理事（四人）によって構成される。その他、経済通貨同盟（ＥＭＵ）未参加国も含めて金融政策の調整をする機関「一般委員会」があり、ＥＵ加盟一五カ国の中央銀行総裁と、ＥＣＢ総裁、副総裁、理事によって構成される。一五カ国がユーロに参加することになれば、この一般委員会はなくなるわけである。

ＥＣＢは、欧州委員会や各国政府からの完全な独立が保証されている。形式上、ＥＳＣＢは欧州議会にたいし説明責任を負うが、欧州議会にはＥＳＣＢの監督権限はない。なお、正確にいえば、ユーロの為替相場政策の最終的な決定権限はＥＣＢの政策理事会にはなく、ＥＵ閣僚理事会での特定多数決によってなされる。

ＥＣＢの政策にたいしては、ユーロのスタートとともに政治的雑音が多くあった。ＥＣＢ総裁はオランダ中央銀行総裁のドイセンベルクに決定したものの、フランスのトルシェ中央銀行総裁の就任をフランスが画策し、ドイセンベルク総裁は六年の任期を半ばにして辞任するという政治取引がおこなわれているというゴシップもある。さらに、一九九九年上半期には、前述のように景気の減速にともなう金利の引下げ要請発言が政治家からしばしばあった。ドイセンベルク総裁が今後いかにＥＣＢの独立性を確保していくかが、ＥＣＢへの信頼感を得るためにも重要な課題である。ユーロ成功のカギはまさにそこにある。

ＥＳＣＢとは、どのようなシステムとして機能するのか。結論的にいってしまえば、第一章でもふれたように、ブンデスバンク（ドイツ連邦銀行）方式から、かぎりなくアメリカの連邦準備銀行制度方式へ移行していくと考えると分かりやすいだろう。各国中銀もアメリカの一二の地区連銀のようなポジションになっていくだろう。ＥＳＣＢでは、各国中銀総裁は全員常任の理事として重要な政策決定権をもち、また各国中銀は公開市場操作や為替介入などをＥＣＢに代わっておこなうなどの政策施行機能があるので、地域経済報告が主たる業務となりがちなアメリカ地区連銀より当然ながら役割は大きい。

金融政策の遂行は、ドイツのブンデスバンクにならい、インフレ抑制にプライオリティをおいて実施されている。そして、金融市場についていえば、今後はドイツの管理型からイギリスの自由市場システム型にかぎりなく近づいていくであろう。

物価安定が政策目標

一九九九年の一年間、欧州中央銀行（ＥＣＢ）はどのような金融政策をおこない、どのように評価されているのか。まだその政策評価は定まってはいないが、いままでのところ独立性を保持することに成功しており、全般的な金融政策においても前向きな評価がされている。

しかし、いぜんとして様々な課題にたいするＥＣＢの明確な姿勢がみえないという批判もある。ＥＣＢの金融政策は何を目的としているのか。どのような為替政策をとろうとしているのか。そして各国の異なる経済実態にたいし、それぞれに対応した金融政策は可能なのか、といった疑問が投げかけられている。

先にもふれたように、ＥＣＢの中心的な政策目標は物価の安定である。これはマーストリヒト条約に規定されている。いうまでもなく、「物価の番人」に徹してきたブンデスバンクの政策目標を踏襲している。そして、物価安定の維持という政策目標を損なわないかぎりにおいて、他の経済政策の遂行に協力することになっている。

物価安定の維持を達成するためにウォッチする経済指標としては、まずインフレ率（消費者物価調整指数）で、年二・〇％以下を目標値としている。次いで通貨供給量（マネーサプライ）の伸び率で、年四・五％を参考値としている。そして為替相場を含むその他のもろもろの数値も指標となる。

欧州中央銀行制度（ＥＳＣＢ）の金融政策手段（政策金利）は、上限金利（限界貸出金利）と下限金利（中央銀行預入金利）を設定し、その間で主として「債券レポ取引」による公開市場操作などを通じて市場金利を調節する。物価の番人として評価が高かったブンデスバンク方式をモデルとしている。

ＥＣＢの政策金利としてもっとも重要なのが、この短期の債券レポ金利（短期オペ金利）である。この金利は、九九年一月のスタート時点では三・〇％だったが、ＥＣＢは四月八日に〇・五ポイント引き下げ、二・五％とした。「インフレ率はここ数カ月間一％を下回っており、ユーロ圏に当面のインフレの恐れがない」状況で、「ユーロ圏の潜在成長力をフルに引き出せるような経済環境の創出に資するもの」として実施した。

この金利引下げは、二つの点でECBの政策スタンスをあきらかにするものとなった。

一つはECBの金融政策が、インフレ対策のみならず、経済成長をも視野に入れて実施されたことを示すものと受け取られたことである。インフレの懸念があまりなかったため、急速に減速するヨーロッパ経済への刺激策として、金利引下げによる金融緩和措置をとったのである。

もう一つはECBの独立性問題である。ドイツのラフォンテーヌ蔵相は、ドイツ経済の減速に直面し、財政支出の拡大とECBによる金利引下げを求めていた。こうした政治的介入にたいしてECBがどのように対応するかが、今後のECBの信頼性を問うものとして注目をあびた。そのためECBはかえって金利引下げをしにくくなったともいわれ、二、三月は静観していた。しかし、三月にラフォンテーヌ蔵相が辞任したため、ECBは政治的介入から自立した形で金利を引き下げることができたと報じられた。

次いで、ECBは一一月四日、政策金利を二・五%から三・〇%へ引き上げた。四月の金利引下げ以降、ヨーロッパ経済は輸出や生産の増加が進み、しだいに景気が加速しはじめたため、インフレの芽を早めに摘み取り、持続的な成長をめざす措置としておこなったものである。この金利引上げは、「物価上昇を警戒しつつ、成長、雇用にも配慮したもの」として、全体的に好意的に受けとめられた。

ＥＣＢの金融政策について、九九年一一月にドイツの五賢人委員会は、「ＥＣＢは順調に運営されている」と評価した。しかし、金融政策については「重点や判断基準が明瞭でなく、予測が困難」だと指摘した。とくに通貨供給量（マネーサプライ）の指標は拡大M3（現金、要求払い預金、定期・貯蓄性預金、投資信託の一部）の伸び率でみているが、「その伸びと参考値（四・五％）との乖離《かいり》がどの程度まで容認されるのか、他にどのような指標を用いて政策判断をしたのかなど、不明な点が多い」としている。

これにたいし、ドイセンベルク総裁は、「M3だけが判断基準ではない」とし、「ＥＣＢの政策を予測可能なものにすることが、市場の誤解や混乱を回避し、ＥＣＢ政策の最終目標である物価安定につながる」、しかし「ユーロ圏は一一カ国からなるため、M3やインフレ率に自動的に連動する金融政策では、物価安定のために十分な政策はおこないえない」と述べている。

一一月四日の政策金利の引上げをもたらしたときの拡大M3のデータは、九九年九月で伸び率は六・二％だった。参考値との乖離は一・七ポイントだった。ＥＣＢがモデルとしているブンデスバンクのケースでは、目標値と実際の伸び率が一・五〜二・〇ポイント乖離した場合、金融政策を変更する場合が多かったので、これにあてはまる。しかし、一〇月も拡大M3は六・〇％と高い伸びを示した。今後こうした伸びが続くと、政策金利の再引上げの可能性が強いことを意味する。

一一月の利上げは、政策理事会の全会一致で決定された。ユーロ圏経済が、景気が加熱しインフレ懸念が顕在化している国（スペイン、アイルランド、オランダなど）と、経済回復が相対的に遅れている国（ドイツ、イタリアなど）の間で、政治的対立を起こしかねない状況で、政策理事会の一体性を保ってこのような決定を下したことは、ＥＣＢの信頼性を高めることになった。

ＥＣＢの政策対象国

ＥＣＢの金融政策は、全ユーロ圏を対象とするものであって、個々の参加国を対象とするものではない。しかし、ユーロ圏内諸国の経済にはいぜんとしてかなりのバラツキがある。「共通通貨圏の形成のためには、各国の経済環境が乖離《かいり》しすぎている」というのは、よく耳にする批判論の一つだった。

一九九九年四月の金利引下げについては、政策理事会の全会一致ではなく、理事会内でも相当の論議や反対があったようだ。ドイツやイタリアのように景気刺激のため金利引下げを必要とする国もあれば、スペイン、アイルランド、オランダなどのように、経済がバブル傾向でむしろ金融引締め（金利引上げ）を必要とする国もあった。ＥＣＢとしては、ドイツ、フランス、イタリアなどのユーロ圏内で経済規模の大きい主要国に重点をおいた措置をとらざるをえない。

加えて、一一カ国という経済の成り立ちの違う国々の中では、金利引下げ効果の波及度合いも異なる。たとえば、フランス、スペインなど住宅の個人所有比率が高い国では、金利引下げによる住宅建設促進効果がおよぶだろう。しかし持ち家比率の低いドイツでは効果は小さい。またドイツでは企業の銀行借入れが株式依存に比べ多いため、利下げのインパクトは、家計より企業にたいしていっそう大きい。イタリアでは家計による社債、公債の保有が高く、利下げがおこなわれると家計利子所得が減少し、経済が弱くなるといわれる。このように、一一カ国の経済の動きが異なる（これを「経済の収れん」が進んでいないという）ユーロ圏におけるECBの舵取りは、これからも大変むずかしい問題である。

四月の金利引下げにたいしては、景気加熱ぎみの国々は、財政削減、増税などの財政政策による国内的努力で対応するしかなかった。ECBも、基本的にはこうした国内努力を求める姿勢を明確にとっていた。

しかし、他方、加盟各国間の経済環境が乖離しすぎている、つまり経済収れんが進んでいないという批判は正しくないという指摘もある。ユーロ圏のコア国（ドイツ、フランス、イタリア、オーストリア、オランダ、ベルギー、ルクセンブルク）のGDPはユーロ圏の八七％（九八年）を占めるが、このコア国のビジネスサイクルは、すでに非常に同調（収れん）した動きを示しており、経済収れんという点ではユーロ圏は成功していると指摘されているからである。

ＥＣＢと各国中銀の再編

フランス中央銀行のトルシェ総裁にインタビューしたとき、ＥＣＢ設立後のフランス中央銀行の仕事量は、以前に比べ非常に増えたと言っていた。これまでは自国のことを中心に考え、決断していればよかったが、いまではユーロ圏全体のことを詳細に分析し、さらに調整し、決断する必要があるからだという。

オランダ中央銀行がいずれベネルックス中央銀行として統合されるのかもしれないと、一九九五年ごろにオランダ中銀のスタッフから聞いたことが思い出される。ユーロ圏の各国中銀のスタッフの合計は五万三〇〇〇人だという。ドイツのブンデスバンクの全国のスタッフは一万六〇〇〇人、本部のスタッフは三〇〇〇人である。それにたいしＥＣＢスタッフは、たったの六二〇人ほどだという。ＥＣＢ職員は超多忙で、オフィスには深夜まで灯がついている。いずれ、各国中銀の再編成が話題となり、ＥＣＢの強化がはかられる必要があるだろう。

確かにＥＣＢの月例報告は統計類でももっと充実させる必要がある。これもスタッフの数の限界によるものだろう。しかし、発表と同時に、日本でもインターネットで全ページを引くことができるのは、何とも便利な時代になったものである。

3　ユーロを脅かすもの

ユーロは順調にスタートしたが、今後ユーロが国際通貨として本格的に信認されていくには、様々な構造調整をはじめ、さらに努力しなければならない課題が多い。そのいくつかについてふれておこう。

財政政策の制約――安定成長協定

ユーロ圏には、ユーロ圏全体の財政政策に責任をもち、金融・為替政策について諸外国と交渉し、行動する大蔵大臣がいるわけではない。つまり、財政主権は各国に存在する。このため、ある国がおこなう財政政策がユーロ圏の統合に支障を与えることもありうる。

たとえば、各国が景気刺激のため、財政の垂れ流しなど勝手な政策をとった場合は、それがECBの金融政策の整合性に齟齬《そご》をきたすことになる。その結果、各国で財政赤字比率が高まり、ユーロ参加国のマクロ経済の信頼性を阻害し、ユーロ圏域内の経済統合をさまたげ、政治的不協和音を高め、ユーロシステムの危機をもたらすというシナリオも描くことができる。

また、ある地域（国）がとくに構造的な経済困難に直面した場合、この地域を支援するための財政支援（域内所得移転）システムが欧州連合（ＥＵ）内で十分に整備されていないため、域内格差是正が困難となり、これがユーロシステムをおびやかすとも指摘されている。

さらに、自国の競争力を高めるため、一方的な税制の緩和や税率切下げ（税のダンピング）によって競争上の優位をはかる国があらわれれば、域内調和を乱し、ユーロの持続をむずかしくする。

ユーロ圏域内の労働移動が、文化や言語の違いによって阻害されるため、金融政策、財政政策以外の、各国に残された唯一の経済政策措置である労働政策が機能せず、ユーロシステムの大きな障壁となる可能性も高いと指摘されている。

各国は為替と金融政策の権限をＥＣＢに委譲してしまったので、経済を刺激するために、輸出競争力の強化をめざして通貨を切り下げたり、景気を刺激するために金利を引き下げたりできなくなった。そこで、競争力低下に直結するインフレをまず抑制する必要がある。インフレ抑制がＥＣＢの最大の政策目標である理由の一つがここにある。

為替・金融政策以外に、残った経済政策措置としては、財政政策がある。しかし、これも各国が景気を刺激するため、勝手に財政支出を拡大したりすると、経済の同一化（収れん）が崩れていき、統一通貨の維持には大きな脅威となる。そこで、ユーロ導入にともない、加盟国に過剰な財政赤字を発生させないよう義務づけた、「安定成長協定」とよばれる条約が締結されている。これは各国の経済政策を相互監視する制度で、とくに財政赤字の対GDP比率をユーロ参加基準であるマイナス三％以内にとどめるようにするもの。もし三％を超える場合には、迅速に財政赤字対策を明確にし、修復するよう規定したもので、これに反する場合には制裁(罰金)が課される。この目標値「三％」は、経済通貨同盟(EMU＝ユーロ)の発足をめざして、マーストリヒト条約で各国に課した経済収れん基準の一つである。ユーロのスタート後も、この基準の遵守を条約で、罰則規定を入れて確認し合ったわけである。

この協定は一九九六年のダブリン首脳会議で基本合意し、九七年六月のアムステルダムでの欧州理事会で採択された。協定の中で罰則規定は次のように決められている。

①財政赤字がGDP比三％を超えた場合、EU蔵相理事会の勧告から四カ月以内に有効な赤字縮小対策をとらなければならない。

②一〇カ月以内に有効な改善がみられなければ、無利子預金の積立を含む制裁措置を受けなければならない。この積立金の額は、対GDP比にして最低〇・二％であり、それに赤字比率の数値が三％を超えている分について一％ごとにGDPの〇・一％ずつが加算される。上限は〇・五％とする。

③二年以内に三％を下回らない場合は、ユーロ参加国で多数決をとり、三分の二以上の同意を

得たうえで、積立金の没収がおこなわれる。

④財政赤字が三％を超え、しかも経済成長率（実質ＧＤＰ）がマイナス〇・七五％を上回る場合には、自動的に右のような措置がとられるが、経済成長率がマイナス〇・七五％からマイナス二％までの間にある場合は、ＥＵ閣僚理事会の判断により制裁措置を免除されることもある。マイナス二％以下のときには罰則は適用除外とする。

こうした規定によって、各国は財政拡大政策についても制約されることになる。その結果、各国による勝手な財政拡大策ゆえのユーロの破綻というシナリオには、いちおう歯止めがかかったことになる。

各国が、九九年に発表した二〇〇〇年度の財政計画をみると、ドイツは歳出削減をおこなうことによって、財政赤字削減をはかる方針を明確に打ち出した案となっている。フランスも二〇〇〇年度予算はゼロ・シーリングを前提として緊縮予算としている。イタリアは財政赤字対ＧＤＰ比三％以内を守れない恐れのある国とみられていたが、政府としては九九年は二％以内を確保し、二〇〇一年には一％とする計画を提示している。オランダは構造改革に成功し、経済も好調で失業率も低下し、九九年の財政収支は二五年ぶりの黒字となっている。このように各国間に、安定成長協定の制約を遵守しようとするコンセンサスが形成されている。

域内所得移転問題

ユーロ導入にともない各国が金融・為替・財政政策の制約を受けた結果、もし各国間の経済格差が拡大するようなことがあれば、きわめて問題である。これが単一通貨の成功を危うくするもう一つの問題点である。つまり、経済格差の拡大にたいし、どのように、どの程度の財政支援をEUはおこないうるかという問題である。これがユーロ圏域内所得（財政資金）移転問題といわれるものである。

前述のように、各国は経済政策として、通貨切下げや金利の引下げによる競争力調整が不可能となり、景気刺激策のための財政出動もむずかしくなる。そこでユーロ圏（一一カ国）内で、不況や競争力の弱さによって、失業率が増加する国の経済的・社会的ショックを緩和するために、EUレベルでの所得移転（財政資金援助）政策が本格的に必要となる。

一国の単位であれば、その国で賃金上昇、物価上昇があり、輸出競争力が悪化し、輸出が停滞したとき、為替調整によって通貨を切り下げるという対応ができた。しかし、今後は各国とも生産性の伸びの範囲内に賃金上昇をおさめなければ、その地域（国）は競争力を失い、失業率が増加する。これがユーロ誕生で予想される地域格差発生のシナリオである。しかし、こうした事態が発生するとしても、ユーロ導入後ただちに顕在化するわけではなく、具体的に格差がみえてくるのには、少なくとも五年以上の中期的な時間はかかるだろうと思われる。

こうした地域への財政支援手段は、ＥＵにはすでに六つある。構造基金とよばれる欧州地域開発基金（ＥＲＤＦ）、欧州社会基金（ＥＳＦ）、欧州農業指導保証基金（ＥＡＧＧＦ）、漁業指導財政手段（ＦＩＦＧ）、および欧州投資銀行（ＥＩＢ）、それにマーストリヒト条約で創設された発展途上国向け資金としての結束基金。さらに農業基金（ＣＡＰ）もその一つといえる。

しかし、それでもなお、ＥＵのこうした所得移転（財政資金援助）比率はＥＵ全体のＧＤＰの二％程度にすぎず、アメリカなどでのＧＤＰ比一〇％程度の移転に比べると小さい。しかもＥＵの場合は農業関係支出が全体の六〇％近くを占めている。こうした農業支出は発展途上の地域よりも、フランスなどヨーロッパ北部の大農業地域に恩恵を与えるものとなっている。

また他方、ＥＵへの資金拠出額と受取り額のギャップが大きすぎるとして、ドイツ、イギリス、オランダなどが不満を表明しはじめている。また今後、中東欧諸国の加入によってＥＵの拡大が起こると、これら資金の配分はさらに大きな問題となるだろう。

このような課題はあるにしても、域内所得移転問題には、前述のような基金制度がそれなりにうまく機能してきた部分もある。一九九九年一月に欧州委員会が発表した、九四〜九八年の間の構造基金制度の効果に関する報告書では、同基金がＥＵ加盟国間の経済格差の是正に大きく貢献していると評価している。

構造基金からの援助によるＧＤＰ成長率の押し上げ効果は、たとえばスペインでは五・一％、ギリシャでは四・八％もあるとし、とくに交通網の整備、電気通信、エネルギー、水道などの分野で大きな成果がみられたとしている。

また、アイルランド、ポルトガル、スペイン、ギリシャなど、ＥＵ内の発展途上の国々に大きな経済発展効果をもたらしたことも確かである。これらの国々の道路網などインフラストラクチャーの整備の進展をみると、多くがＥＵ資金によって整備されているからである。その結果、これら四カ国の一人あたり平均所得水準の対ＥＵ平均比は、八三年の六六％から九三年には七六％へと上昇していったのである。

しかし今後、構造改革に失敗した国にとっては、現在のシステムでは限界があり、ＥＵの将来的な発展を実現するうえで、域内所得移転問題は課題となろう。

税率格差

ＥＵの単一市場構想は、ユーロの導入によっていちおう完成する。巨大な共同市場を通じて競争が促進され、産業競争力が高まり、ヨーロッパ経済は再生するというストーリーである。しかし、単一市場が形成されて単一通貨が導入（ワン・マーケット、ワン・マネー）されても、国ごとに「物理的障壁」「技術的障壁」はいぜんとして残っており、完全な共通市場となるにはいたっていない。同様に「税制上の障壁」も、EUの単一市場の機能の有効性を阻害する、きわめて重要な障壁の一つとして残っている。

各国ごとの税制（税率や課税ベース）の違いが、競争条件の不平等をもたらし、消費者行動や企業活動に影響を与える。同時にユーロの導入によってもたらされる価格の透明性（第三章参照）により、税制の違いがはっきりし、競争条件の不平等性もいっそうはっきりさせてしまうことになる。そこで税制調和をどうはかっていくかが、ユーロ導入後のEUの課題として非常に重要となる。一九九八年六月から、EUは「税制調和に関する指令案」の討議に入っており、九九年五月には税制アクションプランを発表した。一二月のヘルシンキEU首脳会議では、税制調和の一つとして非居住者の利子源泉課税への共通ルール導入問題（一律二〇％課税など）が議題に上ったが、イギリスの反対にあって棚上げされた。税制問題は、特別ワーキング・グループを設置し、二〇〇〇年上半期中に解決策を協議することで合意している。

いままで、EUによる各国の税制問題への介入は、国家の財政主権にたいする侵害であるとして、たえず強い抵抗にあってきた。また、ユーロ圏各国にとって、競争力確保のための残された手段として、税制格差を温存させたいと主張する向きさえある。

しかし、このままでは、付加価値税（VAT）や物品税などの商品にたいする課税の違いが、小売価格差をもたらし、国境を越えて、より税率の低い国で商品を買うようになるか、あるい

(単位：%)

ベルギー	21.0
ドイツ	16.0
スペイン	16.0
フランス	20.6
アイルランド	21.0
イタリア	20.0
ルクセンブルク	15.0
オランダ	17.5
オーストリア	20.0
ポルトガル	17.0
フィンランド	22.0
デンマーク	25.0
ギリシャ	18.0
スウェーデン	25.0
イギリス	17.5

表3　EU15カ国の付加価値税（標準税率）

は高い国の消費者の不満がたまることになる。EU内でのVATの税率統一は以前から課題として指摘されてきたが、進展をみなかった。やっと標準最低税率を一五%にすること、現在の各国間の一〇%の税率格差をこれ以上拡げないことで合意しただけである。法人税も三〇〜四〇%の範囲内に設定するようにEUは提案しているが、何らの進展もない。

法人税や利子所得、配当所得などの資本にたいする課税の調和も同様である。法人税の場合は、税率そのものよりも、税額控除制度などを通じた実際の課税レベル（実効税率）が問題である（課税ベースの調和）。外国からの企業の誘致を促進するために、実効税率を引き下げる国もあり、国家間の軋《きし》みの一つとなっている。しかし、いずれにしろ、今後EUは、税制調和にたいし、優先課題として本格的に取り組んでいくことになる。

むずかしい労働移動

ユーロを導入しても、ヨーロッパ各国は文化も言語も異なり、人々は保守的で、社会保障制度も完備しているため、自分のこれまでの親しんだ生活圏から離れてまでも職を求めようとしない。その結果、ヨーロッパでは労働移動が起きにくい。したがってユーロを通して各国経済の構造調整をおこなおうとしてもうまくいかないだろうという主張が、ユーロ導入前のユーロ批判論としてはもっとも説得力のあるものの一つだった。

労働移動の問題が重要な意味をもつ背景には、一九九九年にノーベル経済学賞を受賞したロバート・マンデルの「最適通貨圏」の理論がある。通貨は国単位でなく、地域単位で考えるべきとしてユーロの理論的背景となった。また、この理論は、国による経済格差が生じたとき、その不均衡を是正するためには、何らかの経済変数の調整がおこなわれる必要があると主張するものである。前述のように為替レート調整はその一つだが、ユーロの導入はそれをなくすことを意味する。所得移転も調整の一つだが、EUの所得移転規模は十分ではない。それではどのような経済変数の調整がありうるか。

マンデルの指摘に基づけば、ユーロがうまく機能するには、じゅうらいの為替調整機能に代わって、労働力や資本などの生産要素の移動が調整変数としてもっとも重要になる。資本は周辺国の安い労働力を求めて移動し、これがヨーロピアン・タイガー（一二六～八ページ参照）

を生み出すよい効果を与えている。しかし、労働力移動はヨーロッパではきわめて限定的である。アメリカは労働力の移動が活発なため、五〇州の統一通貨が可能となっているが、ヨーロッパではそうでないために、ユーロは失敗するという指摘が説得性をもつことになる。かくして、このマンデルの理論がユーロ導入批判としてもっとも使われてきた。

確かに、ヨーロッパでは、日本の戦後の高度成長のときに起こったような、地方から都会や工業地帯への膨大な人の移動は起こる気配がない。たとえばドイツでは、九九年秋に首都がボンからベルリンへ移った。ボンの経済省に勤務する役人は一七〇〇人であった。そのうちベルリンへの転勤を了解した人は一〇〇〇人で、七〇〇人は転勤を拒否したのである。経済省はベルリン移転とともに七〇〇人を新たに採用しなければならないし、同時に残った七〇〇人については新しい職を紹介しなければならない。ケルンに本社を置く、従業員四五〇人のある日系企業は、これを機に本社をベルリンへ移転することになった。転勤に同意したのは一五〇人で、新たに三〇〇人をベルリンで雇用しなければならなかったという。このように、ドイツ人も慣れた土地を離れたくないと思っている人々がいぜん多いようだ。

ＥＵ域内の人の完全な自由移動を規定した協定として「シェンゲン協定」とよばれるものがあり、すでに施行されている。ＥＵ原加盟国の大陸五カ国（ドイツ、フランス、オランダ、ベルギー、ルクセンブルク）が、八五年に合意、九〇年に調印した。まずこの五カ国で税関や移民チェックを廃止することから始め、人の完全な自由移動を本格化させようとしたものである。現在、イギリス、アイルランドをのぞく、イタリア、スペインなどEU一三カ国が加盟している。さらに九七年六月のアムステルダム条約では、シェンゲン協定を、初めてEUレベルの適用事項として格上げし、EU全体で推進していくことになった。

自由な労働移動が認められても、どの程度の労働移動が起こるのか、あるいは起きないのかについて明確に予測することはむずかしい。なぜなら、「文化も言語も違うから労働移動は起きない」といいきることもできないからである。

確かにヨーロッパでは共有の言語は生まれそうにない。その点で、旧約聖書にある、神に届く高いバベルの塔を建てようとした人間の傲慢を罰して、神が人々の言葉を違《たが》え、お互いコミュニケーションできないようにしたという「バベルの塔」の罰は、今後も続きそうである。

しかし他方、ヨーロッパの人々の間では英語を含め、各国のマルチリンガル（多言語）化が進んでおり、言語の違いは大きな障壁にはならないだろうという方向にも向いている。実際には、国境をまたいで移動するのは、当面は管理職レベルの人が中心となるだろう。

きわめて感覚的ないい方になるが、フランスはかつてシェンゲン協定に反対していた。それがいまでは率先して参加している。フランス人はかつて、英語が話せても、フランス語しか話さないといわれたほど自国語に固執していたのに、いまや英会話教室が花盛りである。年次報告書を英語版しか出さないヨーロッパ企業（大企業）も多くなり、英語ができないと役員になれないといわれるようにもなっている。

また、ヨーロッパの新人歌手の登竜門のユーロビジョン・コンテストや、サッカーのヨーロピアン・カップ、F1（フォーミュラー・ワン）などの国別対抗のイベントであっても、チームのメンバーをみると、いまや国境のないイベントと化していることに気づく。F1のイタリア単独チームにドイツ人のドライバーがおり、英仏チームにフィンランド人が入っているという具合である。こうしたプロの世界ではヨーロッパはワン・マーケットだが、一般の人々の間でも国境を越えた移動が急速に広まっている。

このように、長期的にみると、グローバリゼーションの進展の中で企業システムも人の流れも変わっていくことは確かである。したがって、いままではそうであっても、今後もこれまでどおり「労働移動は起きない」といいきれる根拠はない。EUの動きはいつも時代の変化の中で見通していく必要があるのである。

4　ユーロ未参加国の対応

ERM2

ユーロの発足に参加しなかったEU加盟国は四カ国ある。これら未参加国のために、新しい為替相場メカニズム（ERM2）がスタートした。将来のユーロへの参加を希望する国はこのシステムに参加しなければならない。参加希望国の通貨の対ユーロ中央レートが決められ、それにそって上下一定比率の変動幅が設定され、各国中央銀行はこの幅の中で自国通貨を安定させる実績をもたねばならない。変動幅は最大上下一五％であるが、国によってはもっと安定的であることを望み、かつ維持可能とみられた場合には変動幅をもっとせまく設定できる。

参加しなかった四カ国のうち、ギリシャは参加を望んでいたが参加基準を達成できず、はずれることになった。ギリシャは、ユーロへの参加条件であるユーロと連結したERM2に一五％の変動幅で参加した。二〇〇一年までの参加条件の達成をめざして、二〇〇〇年の政府予算は大幅な財政赤字削減を盛りこんだ予算案を提示するなど、努力を開始している。二〇〇〇年の三月にユーロ参加を問う国民投票をおこなう旨発表している。

デンマークは、国民投票で反対が過半数を占めたため、参加を留保してきたが、二・二五％の変動幅でERM2に参加した。一九八九年一〇月の世論調査以降、参加賛成派が上回っており、九九年夏以降、国民投票を再度おこなうための議論が活発化している。九九年一二月におこなわれた世論調査では、参加賛成が四二％で、反対の三八％を五ポイント上回った。政府はユーロ参加へ向けて、ハンドブック、パンフレットを発行するなど、キャンペーンを開始しており、二〇〇〇年春か二〇〇一年ごろまでには国民投票が実施される見通しとなっている。

参加留保権を保持していたイギリスとスウェーデンは、ERM2にも参加しなかった。将来ユーロに参加する場合には、いずれERM2に入る必要がある。スウェーデンは九七年九月にユーロ不参加を正式に表明しており、ERM2にも参加していないが、政府は二〇〇一年にユーロ参加へ向けた国民投票を実施すると表明している。スウェーデンでは、ユーロ発足後はしだいに加盟論議が活発化し、賛成派が増えてきている。

イギリスの国民投票

イギリスはユーロ参加を留保（オプトアウト）してきた。イギリスの参加はユーロの信頼性と影響力を確固とするためにも、重要なことである。イギリスにとっても、ヨーロッパ内での影響力を維持し、自国の企業の競争力強化をはかるために、参加は望ましいはずである。

イギリスは一九九九年二月に、ユーロへの移行計画を発表した。二〇〇二年五月までにおこなわれる次期総選挙後に、国民投票を経てユーロへの参加をはかるというものである。しかし、スタート直後の弱いユーロ傾向に不安感が増幅し、一二月の世論調査でも「導入反対」が六〇%にのぼっており、政府には参加の意思があっても、国民投票次第となる。国民投票で参加が可決されたとしても、準備期間があるため、イギリスのユーロ移行は早くとも二〇〇五年以降となるだろうとみられていた。

これにたいし労働党のブレア首相は、ユーロが明確に上昇基調に入った九九年一〇月にユーロ参加へ向け、本格的な政治キャンペーンをおこなっていく旨発表し、国民投票での可決をめざす超党派組織「ヨーロッパの中のイギリス（ブリテン・イン・ヨーロッパ）」を設立した。報道によれば、次期総選挙を二〇〇一年春にも実施し、選挙後の国民投票を経て二年半以内には国内流通貨幣をユーロとしたい計画だという。

ＥＵの大国の一つであるイギリスのユーロへの参加には、いくつかの課題がある。

一つはイギリス経済とユーロ圏のコア国経済との間に、いささか景気循環のズレがあることである。イギリスの失業率は九九年には四％台と一九年ぶりの低水準であるのにたいし、ドイツやフランスは一〇％前後である。イングランド銀行（イギリス中央銀行）が九月初めにインフレ懸念に対処して政策金利を年五・二五％に引き上げたのにたいし、ＥＣＢは逆に四月には二・五％へ引き下げている。一一月にＥＣＢが金利を〇・五％引き上げて三・〇％としたとき、イングランド銀行も〇・二五％の金利引上げをおこなって五・五％とした。

二つめは九九年には、イギリス・ポンドの対ユーロ相場が、マルク相場換算で歴史的な高値にあること。イギリスの輸出の五〇％以上はユーロ圏向けであるため、このままだとイギリス国内産業に打撃を与えかねないため、参加前にポンド高の修正をすべしと、産業界は求めている。

三つめは、この両者の金利差を今後どう縮小していくかである。イギリスの参加は、今後のユーロ圏内のコア国と、周縁国との景気循環のズレの問題をいっそう際立たせることになる恐れがある。

ユーロ不参加国のコスト

ユーロに参加しなかったデンマーク、スウェーデン、イギリス、ギリシャでは、スタート以後のユーロ安の展開で、イギリスのように政治的に加盟反対派が増え、揺れ動いている国もあるが、ユーロ参加への気運は基本的には高まっている。デンマーク政府はユーロ不参加のコスト分析を発表して、参加のメリットを広報している。不参加国のコスト（デメリット）として、次の点が指摘されている。

①一九九八年六月のロシア危機のさいに、通貨統合への参加が決まっていたフィンランドの通貨は安定していた。それにたいし、デンマークやスウェーデンは大きな影響を受けた。フィンランドはユーロに参加すべく、変動幅は上下一五％であるものの、欧州通貨制度（EMS）に入っていたために為替の安定がはかれたのにたいし、デンマークやスウェーデンは入っていなかったため影響を受けたとみられる。これはユーロ導入後の不参加国が受ける経済

的影響の一端である。また、たとえばフランスは、イタリアで政治危機が生じるたびに為替が混乱し、経済は影響を受けてきたが、九九年に入ってプロディ内閣が解散したのち、投機的動きもなく、ユーロの存在が為替の安定を意識させたようだと評価された。

②デンマークの金利は、今後、じゅうらいのドイツの金利への追随型からユーロ圏の金利を目安とした政策に切り替えることになる。そのさい、ユーロ圏の金利に比べ〇・二五〜〇・七五ポイント高く金利を設定することにしている。これは海外からのデンマークへの投資を魅力あるものにするために必要な措置である。しかし、国民には高い金利を支払わせることになる。これはユーロ参加のケースに比べ、年間九五億クローネ（約一五〇〇億円）の負担増となり、二〇〇一年のGDPは〇・七%減、就業者数も一万二九五〇人減となる。

③デンマーク企業はユーロ圏との取引で為替手数料を支払う必要がある。デンマーク企業はユーロ圏に張りめぐらされた為替のバリアと戦う必要があり、デンマーク企業には大きな負担となる。

④ユーロ発足にさいし新しく導入された「汎欧州即時グロス決済（ターゲット）システム」への参加についても、不参加国はよい条件で参加できなかった。

⑤デンマークがユーロに不参加であるため、今後の参加条件の維持が可能かどうか、必要以上に経常収支の動向などに注目が集まったり、欧州委員会の総辞職問題などのできごとで国民

の姿勢が変化したり、クローネ防衛がむずかしくなる事態も懸念される。

逆にユーロに参加すると、金利が低下し、財政赤字の削減が可能となる。国債の金利格差も参加国間ではなくなるので、国債発行の金利負担も軽減されることになる。

第三章　ユーロ資本市場の形成と興隆

1　企業のユーロへの移行と対応

多様な移行時期

ユーロ発足にたいし、企業も二〇〇二年までにその対応をすまさねばならない。一九九九年一月のスタート時点ですでにユーロ対応をすませているのは大企業に限られた。大部分を占める中小企業は、二〇〇二年まで三年間の移行期間があるので、様子をみながら進めるというところが多い。

比較的取組みが進んでいるのは、代金決済システムの変更である。ユーロの導入はまず、会計システムの変更という企業内部システムの再編が中心となる。これはコンピュータ・ソフトの購入で変換可能である。コンピュータの二〇〇〇年問題への対応とユーロ対応とをセットでおこなった企業も多い。またこのさい、生産管理、会計システムを含むコンピュータ・システムの全面切替えや見直しをおこなった企業もある。

各社とも、社内会計はユーロに移行しても、対顧客では完全にユーロに一本化せずに、顧客の要望に応じて、じゅうらいどおりの通貨での取引もできるように対応している。各国通貨とユーロとの交換レートは固定されているため、ユーロでの請求書発行など、顧客の要望に応じることはそれほど困難ではない。銀行もユーロ建て口座から、現地通貨建て口座への振込みを可能とする柔軟なサービスをおこなう体制を整えているからである。

また、ユーロはキャッシュ・マネジメントに影響を与える。使用通貨が少なくなることで、決済業務が効率化され、キャッシング・マネジメントの管理、運営が容易になる。このため、経理関係のコンピュータ・ソフトの変更を含め、管理業務の標準化・合理化を進める企業もある。

さらに、事業資金の調達・管理面で、企業にとくに大きな変革をもたらした。じゅうらい、在欧グループ企業は各事業所ごとに地元銀行から現地通貨による資金調達をおこなっていたが、ユーロの導入により、ヨーロッパ内の特定事業所（あるいはヨーロッパ本社）が一括してユーロ建てで調達し、各国事業所に送金するようになり、ユーロ圏内の為替リスクの消滅とともに、コストの軽減、事務の合理化が可能となった。

価格戦略にも大きなインパクトを与えている。単一通貨となって、第二章でも述べたように価格が透明となり、域内の価格差がみえてしまうため、価格差の縮小あるいは価格統一への対応が必要となる。消費財については、九ユーロ九〇セントとか一九九ユーロといった消費者心理に訴える新しい「シグナルプライス（魅力ある価格）」商品の開発も進められている。

各国間の人件費（給与）レベルが一目瞭然となることの影響も大きい。ことに各地に駐在員を派遣する企業においては、派遣先の給与の実状や社会保障負担の格差があきらかになることによって、給与体系や人事管理の全体的な見直しが必要になる。

そのほか、競争相手、顧客や取引業者、ユーロ圏内の各代理店への対応、プライスリストの作成方法、そしてヨーロッパ企業の再編への対応へとつながっていくことで、各企業とも生産拠点の変更、M&A（合併・買収）など戦略的対応に取り組んでいる。

しかし、九九年二月実施のヨーロッパ企業二五一社へのアンケート調査（アンダーセン社）によると、多くの企業が「ユーロの導入は成功であり」「ヨーロッパ経済によい影響を与え」「競争が激化し」「電子商取引、M&Aを加速させる」が、他方では「自社の企業戦略、組織改編には大きく影響しない」という回答が四八％もあった。ただし、金融業と流通業関連の企業からは「大きな影響がある」との回答が多かった。またとくに、新たな企業戦略を求められる分野としては、金融、価格決定、マーケットシェア、調達などをあげた企業が七割を占め、商品差別化、市場開拓、収益などに関しては五割程度だった。

大企業の対応

ダイムラー・クライスラー・グループ（独・米）はユーロのスタートとともに、決済をすべてユーロ建てとした。オランダのフィリップスも、もっともユーロ移行の早い企業の代表例である。一九九九年一月からシステム上でもユーロを第一通貨と決定し、ユーロへの切替えを、通貨統合参加各国の取引先やバイヤーにも要請している。

　薬品大手のバイエル（独）はユーロ発足とともに、社内のすべての経理処理をユーロ建てに転換した。取引先との決済、グループ会社への送金、集金、決算発表などすべてをユーロに一本化し、ヨーロッパ各地の拠点ごとにあった財務管理機能を、ドイツ本社に統合した。こうした財務システムの共有化や、為替リスクを回避するためのスワップ（交換）取引の削減などで、年間三億二五〇〇万マルクが節約できるとしている。

　ユニリーバ（蘭）は取引先にたいし、九九年一月からの切替えが好ましいことを伝え、切替えをおこなった企業にたいして優先権を与えている。また、九九年の営業成績報告はじゅうらいどおりユーロとオランダ・ギルダーの両方でおこなうが、二〇〇〇年以降は完全にユーロのみの報告書に移行する計画である。

　このほか、シーメンス（独）が九九年九月末に株式をユーロ建てへ移行した。ダイムラー・クライスラー、BMW、ドイツテレコム（DT）などドイツの大企業の多くも、決算書の作成を九九年からユーロでおこなっている。

　フィアット（伊）も九九年一月までに、準備万端整えてきた企業である。会計上や第三者への見積もりにはユーロが使用され、社員の給与はリラとユーロを併記する。価格表についても、当面ユーロとリラを併用するものの、二〇〇〇年中にはユーロで統一できるよう指導している。

ただし、納入業者がユーロを使用するかどうかは自由だとしている。

　アクゾ・ノベル（蘭）は対外的には九九年一月からユーロに切り替えたが、切替えを統一化する考えはなく、「できるだけ早い時期に全面的切替えをおこなう」という方針をとっている。ルノー・グループ（仏）も段階的で柔軟なユーロ移行をおこなっていくとしている。

　こうした企業のユーロへの転換には経費がかかる。大企業では売上げの〇・五〜二％もかかるといわれ、負担はかなり大きい。また、ユーロ導入には社員教育も必要となり、負担をさらに増している。

日系企業の対応

日系企業には、三年の間に移行すればいいとする傾向が強く、二〇〇一年中の切替え計画を立てている企業が多い。経理システム（帳簿類など）の変更、明細書や請求書などの書式、支払い方法、コンピュータ・ソフトの切替えなどが重点的対応内容である。ダイムラー・クライスラーやシーメンスなどへの納入企業は、メーカー側のユーロ決済の要請を受け入れている。

　長期的には事務の合理化が可能になり、資金調達が一カ国でできるようになるとして、これを機会にヨーロッパのグループ会社の経理、会計、人事などを一括処理する総括会社や、資金を一括して管理・運用する財務・金融子会社の設立、さらにはヨーロッパ・グループの持ち株会社の設立などを考えている企業もある。

資金の調達・運用についても、ユーロにより一元化（プーリング）できるため、グループ会社の手持ち資金を最小限に抑え、財務の効率化をはかることで、グループ全体の有利子負債を圧縮することも可能となる。

広域的な販売活動が可能となるため、物流を管理する配送センター、顧客のニーズをコントロールするサービスセンターなど、管理・統括機能を有する別会社の設立や、グループの機能を見直す動きも活発化している。その他マーケティング面での子会社管理の重要性が増している。

企業によっては、ユーロ会計への転換のみならず、日本のビッグバンを契機として今後主流となるであろう、関連会社を含めた連結決算への移行、さらには情報システム関連の問題への対応が、ほぼ同時期に迫られるため、ユーロ導入を契機にシステムの一新を計画している。

2　企業へのユーロ・インパクト——ユーロ資本市場の出現

ユーロの導入が、企業の競争力強化に大いに寄与している側面として、次の点がある。

第一は為替リスクの消滅である。域内一一カ国については為替変動のリスクがなくなり、大きな損失を避けるために先物取引などの「ヘッジ」の必要性もない。

第二に取引コストの削減である。両替が不要となる。コスト削減分は年間一五〇億ユーロ、GDPの〇・四%にものぼるという推計がある。

第三は単一通貨の使用による価格の透明性の向上である。これによって企業間の価格競争が激化し、国境を越えた取引が活発化する。価格が透明となることによって、これまで各国ごとに異なっていた価格は、しだいに統一的な価格に近づいていく。これを価格の収れんという。しかも安い方の価格へ収れんしていくと期待される。しかし、一九九九年の一年間にはまだ明確な収れん傾向はみられなかったようだ。

第四は巨大な資本市場の形成である。通貨統一により、一つの大きなユーロ建て株式市場が誕生し、低コストとリスクなしで直接的な資金調達が可能な資本市場が形成された。こうして調達された資金によって、成長部門への投資がおこなわれている。

価格の透明性

日本貿易振興会（ジェトロ）はEU各国でいくつかの商品について、小売価格差調査を一九九九年一月以降定期的に続けている。一二月時点の調査結果では、国別の価格差は商品によって一・二〜五・一倍の開きがあった（表4。一一二〜三ページ）。しかも九九年一月と一二月の調査を比較しても、価格の収れんはほとんどみられなかった。この表をみると、ハンバーガーはもっとも高いフィンランドがもっとも安いスペインの一・五倍ほど、パソコンではイギリスがドイツの一・四倍弱、コーラではフィンランドがスペインの三・四倍強、タバコはイギリスがポルトガルの三・六倍たらず、CDはイギリスがオーストリアの約一・六倍、飲料水ではフィンランドがイタリアの五倍ほど、ガソリンはイギリスがスペインの一・八倍近く、テレビはフィンランドがオーストリアの一・七倍程度ということになる。

これらは付加価値税、物品税などの諸税を含んだ小売価格であるため、価格差はこれら税制の差を反映している。タバコや酒類、ガソリンの価格差は各国の物品税の違いによる部分が大きい。パソコンは流通コスト、取引形態などの違いによるものとみられる。こうした価格の透明性にたいし、税制や流通制度の域内調和が必要となる。流通については流通サービスの構造改革も求められている。

企業にとっては価格の透明性が増すことによる影響は大きい。欧州域内での価格比較が容易になり、その結果競争が激化することで、価格低下への圧力が増大し、製品価格の値崩れ要因にもなり、短期的には収益は低下する恐れがある。また、価格差が残っているとその差を利用して儲けようとする動きが必ず出てくる。その結果として輸入総代理店を通さない並行輸入が増加し、これによっても価格低下への圧力が高まる。そのため市場価格は低い方へ収れんして

(単位：ユーロ)

⑤自動車	⑥CD	⑦香水	⑧飲料水	⑨ガソリン	⑩テレビ
20,417.39	20.30	69.84	1.13	0.78	304.67
14,925.60	19.88	41.32	0.46	1.02	392.51
14,824.53	14.46	46.51	1.08	0.87	289.96
19,297.00	20.40	44.92	0.98	1.08	392.97
15,710.46	16.53	177.30	0.75	0.75	420.11
16,003.44	17.89	42.44	1.02	0.93	357.39
23,764.95	21.70	88.30	2.34	1.07	486.06
15,595.53	22.41	186.75	0.50	1.17	379.60
19,836.27	19.81	28.26	0.68	0.99	322.01
30,167.00	16.41	173.17	0.72	0.84	373.60
21,070.95	18.34	36.51	0.64	0.78	334.66
24,484.28	22.45	88.28	1.11	1.33	481.32

⑥新譜1枚入り。
⑦CHANEL ALLURE（シャネル・アリュール）、最小ビン30cc
もしくは35cc。
ただし、アイルランド7.5cc、フィンランド・イギリスは7.5mℓ、
オランダ・ドイツ・オーストリアは50mℓ、
イタリアは50mℓ女性用、ベルギーは50mℓ男性用・スプレーなし、
ルクセンブルクは50mℓ男性用・スプレー付き。
⑧EVIAN（エヴィアン）、またはVITTEL（ヴィッテル）、
1.5リットルのペットボトル入り。
ただし、イタリアはLevissima 1.5リットル、
オランダはEVIAN 1.25リットル。
⑨シェル（無鉛、1リットル）。
⑩フィリップス（21インチ、チューナーレス、ステレオ）。
ただし、ベルギー・ルクセンブルクはチューナー付き、
フィンランドは25インチ。
なお、イギリスの価格は1999年12月13日のポンド―ユーロレートで換算（1ポンド＝1.60500ユーロ）
(出所) 日本貿易振興会

	①ハンバーガー	②パソコン	③コーラ	④タバコ
アイルランド	2.40	1,267.20	0.51	4.74
イタリア	2.32	1,238.98	0.44	2.89
オーストリア	2.54	1,234.71	0.43	2.98
オランダ	2.54	1,347.27	0.41	2.79
スペイン	2.25	1,562.63	0.29	2.19
ドイツ	2.55	1,175.46	0.35	2.74
フィンランド	3.36	1,343.82	0.99	3.78
フランス	2.82	1,248.56	0.33	3.05
ベルギー	2.85	1,239.44	0.42	2.97
ポルトガル	2.44	1,246.99	0.42	1.85
ルクセンブルク	2.95	n.a.	0.37	2.33
イギリス	3.05	1,603.40	0.59	6.58

表4　EU主要国の小売価格調査（1999年12月）

(注) 基本対象商品：

①マクドナルド・ビッグマック（持ち帰りの場合)。

②アップル社 iMac。
ただし、ベルギーは iMac 350。

③コカ・コーラ330cc、1本あたり。
ただし、フランスは6本パック価格より1本分を算出、
ルクセンブルクはプロモーション価格。

④マールボロライト1箱（20本入り)。
ただし、ドイツは19本入り。

⑤VWゴルフGL2000cc（エアコンなし、MT)。
ただし、スペインは1.6コンセプトライン、
イギリスはSE2000cc、イタリアはゴルフ1600cc、
ポルトガルはTdi1.9、オランダはComfort-line 2、
フィンランドはComfort-line 1J12A4、
フランスはゴルフ1.6、ドイツはComfort-line 1984cc、
オーストリア・ベルギー・ルクセンブルクはゴルフ4。

いく傾向となる。先のジェトロの調査をみるかぎり、九九年一年間にはその傾向をはっきり示す商品はほとんどなかった。ただし、自動車のみ価格差縮小のきざしがみられはじめている。

多国籍企業の多くは、ユーロ発足とともに、仕入れ先である下請け企業にたいしてユーロ建て取引を要求している。製品価格をユーロ建てで表示することで価格差を明確にし、仕入れ先を価格競争力に応じて選択するためである。これにより今後、下請け企業間で国境を越えた競争が促進され、価格競争力のないものは淘汰と再編を迫られることになる。下請け企業にとってはまず、ヨーロッパ域内の卸売価格の格差を縮小する努力が必要となる。これにより製品を納入される側のヨーロッパ企業の調達機能が統合されることになるため、ベンダー（売り主）として生き残りができるかどうか、という問題も発生する。

顧客密着型商品では、価格体系の多角化が進むとみられるが、標準製品など、調達源が国際化している製品のメーカーの場合は、ユーロ導入とともに工場引渡し価格を統一せざるをえない傾向となっている。

また、統一市場と統一通貨の導入によって、「ヨーロッパ規模の消費者」に対応した「ヨーロッパ商品」を開発し、価格を「ヨーロッパ均一」にするというマーケティングもある。独自の価格を維持するためには製品の差別化・特殊化に努力する必要がある。

他方、各国ごとの税制、賃金、物流コストが異なるため、価格の透明性が高まってもただちに価格統一に努力する必要性はないとみる企業もある。価格の収れんにはある程度の時間がかかるため、市場の動向をみきわめながら対応しても遅くないと考えられるからである。

消費財の場合は、とくにヨーロッパ内の価格差をある一定の説明可能な範囲内にとどめる必要があろう。その格差の許容範囲は商品によって異なる。自動車の場合、これまで一〇%程度はあった域内価格差が縮小してきた。しかし自動車は価格差があったとしても、アフターサービスを受ける都合から、ディーラーの選択範囲はせいぜい五〇〜六〇キロ内だろうといわれている。日常的な消費財についても、国境地帯は別として、低価格の商品を買うために、わざわざ国境を越えて遠距離にある店まで買い物に行く人は少ないはずであるから、ある程度の価格差なら許容される可能性はある。

大金融資本市場の出現

ユーロのスタート後、もっとも大きな変化が起こったのが、企業による起債の急増である。ヨーロッパ企業による社債の発行（起債）は、一九九九年には二六五六億ドルで、九八年に比べて二・三倍と急増した。なかでも、ユーロ建て社債発行は一二〇三億ドルと一〇倍に膨らんだと報じられている。ヨーロッパ企業の社債発行件数は、九九年は九八五件で前年の一・七倍である（イギリス、キャピタル・データ社）。

国際決済銀行（ＢＩＳ）の報告による、九九年四〜六月期の国際資本市場での債券発行額は四四六〇億ドルと過去最高を記録し、七〜九月期も四一一三億ドル（前年同期比六九％増）と最高水準を維持した。このうちユーロ建て債券が両期とも三九％を占め、ドル建ては四三％から四二％へ低下し、ドル建て債とユーロ建て債は拮抗してきている。ちなみに円建て債のシェアは九％にとどまっている。その後も、国際資本市場でのユーロ建て債の起債の増加が続き、九九年には約五八八六億ドルと、ドル建て債を三〇億ドル上回った模様である。ＢＩＳは「国際起債市場は事実上、二通貨の市場となった」と指摘している。

これまで各国通貨ごとに分断されていた資金市場は、ユーロ圏全体を含む大資本市場へと拡大し、非常に流動性の高い、深い市場となった。ただし、基準金利は単一になるが、実際の適用金利は起債者の信用リスクなどによって差が出てくる。

アメリカはこれまで基軸通貨国として、自国通貨建てで巨額の資金調達が可能な資本市場を世界にもっていたため、低コストで資金調達が可能だった。ユーロの導入によって、ユーロ圏諸国の企業もアメリカと同様に低コストで大規模な資金調達が可能な状況となった。

ユーロの誕生によって、ヨーロッパ企業の資金調達力は非常に強くなり、かつコストを逓減《ていげん》していくことができるようになった。これまでの多くのヨーロッパ企業の中心的資金調達先は銀行で、銀行経由の間接金融が中心であった（日本も間接金融による外部資金調達比率が高い国で、全体の資金調達の八〇%を占めている）。

これにたいし、広域化したユーロ市場では、自らユーロ建ての株式、社債を発行する直接金融が可能となった。ユーロ建て債券市場が巨大となったことで、投資家のすそ野が広がり、巨額な資金の調達ができるようになった。こうして調達した資金を活用して、多くの企業が新たな買収の動きに出ている。直接金融によって、調達可能額が巨額になるとともに、調達コストも低くなっている。かつての銀行融資の場合の平均金利は六%台とみられていたが、社債だと四%台での調達が可能となっているという。

オリベッティ（伊）は、テレコムイタリア（TI）にたいする株式公開買付け（TOB）をおこなったが、その資金は、六月に同社子会社のテクノストが約六〇億ユーロの社債を発行して賄った。イタリアがユーロに参加していなければ、オリベッティはリラ建て債券によって資金を集めなければならず、これほどの巨額資金を得ることはできなかっただろうといわれる。

また、ドイツテレコム（DT）は九九年六月に、新株発行で一一〇億ユーロを調達し、国際的な通信産業の再編に取り組む資金を手に入れた。スペインの石油会社レプソルは三二億ユーロ、あるいは一一〇億ユーロともいわれる大型社債を発行した。これは同社のブラジル進出のための資金調達である。ヴィヴァンディ（仏）もUSフィルター（米）の買収資金をユーロ建て債で確保した。その他、ポルトガルテレコム、ブリティッシュ・アメリカン・タバタ（英）

もユーロ建て債を起債している。

この新たなユーロ市場をめぐって、イギリス市場に対抗しようとするドイツやフランスなどの銀行の覇権争いが激化している。とくにドイツの銀行がもっとも活発に動いており、もっとも恩恵を享受しているようにみえる。ドイツ政府も数度にわたって資本市場整備法を改正し、支援している。

ドイツにはじゅうらいから国内取引を対象とした「ファンドブリーフ」とよばれる、州政府や州立銀行が発行する抵当証券がある。ユーロ資本市場ができ、為替リスクがなくなったため、ほかのユーロ圏諸国もこの証券を買うようになり、またたく間に巨額の起債が可能となり、いまや「ジャンボ・ファンドブリーフ」とよばれる新市場を作り出している。まさにユーロ・ビッグバンの成果の一つである。

機関投資家もユーロ建て債券への投資意欲を強めている。ヨーロッパ各国の年金基金もユーロ建て債券購入によって基礎的資金の増額をはかっているが、格付けが最上級のトリプルAのものはもちろん、シングルAのものまで購入対象とするようになった。ちなみに、大手機械メーカーのマンネスマン（独）の格付けはシングルAだが、三〇億ユーロの資金調達に成功している。

また、これまでのヨーロッパにおける企業の起債はベルギー、フランス、ドイツ、イギリスなどを中心におこなわれてきたが、ユーロ導入をきっかけに、今後はスペインも中心的な起債地になる可能性が出てきた。

日本企業もユーロ建て債券の獲得に動いている。また、起債の方も増加しつつあり、野村證券、公営企業金融公庫、東京都、東京電力などが相次いでユーロ建て債を発行した。加えて、生命保険会社もユーロ建て債券への投資を徐々に始め、日本生命とドイツ銀行、明治生命とドレスナー銀行（独）、第一生命とキャピタル・グループ（英）が、提携や投資顧問会社の設立などをはかった。

各国の投資金融会社は、ユーロ圏企業のユーロ建て社債をこれからのヨーロッパの成長商品と位置づけている。現在は有力企業による発行が中心だが、中堅企業のユーロ社債発行も増えてきている。ヨーロッパにもアメリカのような高利回りな社債の流通市場が誕生し、格付けの低いジャンク債の市場も育っていくだろう。

また、ユーロ建て債券の増発は、高利回りによる人気の高さから生み出されているだけではなく、新市場での優先的なポジションを確保するためでもある。このような直接金融に比重を移しつつある企業戦略が結果として、個人投資家のすそ野を広げる役割をも担っている。

アジアの企業にとっても、ユーロ圏の形成はメリットをもたらしている。シンガポール政府は九九年二月に、日本に次いでアジアで二番めのユーロ建て債発行国となった。これまでは国債の発行はニューヨーク市場が中心となってきたが、今後はユーロ市場の形成によって、ユーロ建ての国債の発行も可能となり、経済危機に直面したアジア諸国にとって、資金調達源が多様化することになる。

ベンチマーク争奪戦と「ユーリボー」

ヨーロッパの金融資本市場は、これまでロンドンが中心だった。取引動向の基準となる指標銘柄（ベンチマーク）もロンドンで設定されたものが主流となってきた。ユーロ市場の形成とともに、ドイツなどユーロ圏諸国にとっては、債券取引や先物取引などできるだけ多くの金融商品分野で、ユーロ圏のベンチマークを獲得することが重要となってくる。

ドイツとフランス間でのベンチマーク争奪戦もあった。一〇〜三〇年の長期物ではドイツのブンズが定着し、短期物ではフランスの指標も健闘している。

またじゅうらい、銀行間貸付などに使われる基準金利としては、LIBOR（ライボー）とよばれる、ロンドンでの銀行間金利の平均値が国際的に使われていた。ユーロ市場出現によって、ロンドン（シティ）はロンドンの銀行一六行のユーロ貸付の平均金利を、「ユーロ・ライボー」と呼んで、これを標準金利としようとした。これにたいし、大陸側の銀行は、五七銀行による銀行間金利の平均値「ユーリボー」を標準金利として、提案した。結果として、これはユーロのスタートとともに決着がつき、大陸側の「ユーリボー」が実質的に使われることになった。

ユーロ導入以前の、世界の株式市場での時価総額をみたのが表5である。株式市場は圧倒的にニューヨーク市場が大きく、国別にみると日本とイギリス（ロンドン）がそれに続いている。

（単位：100万ドル）

	時価総額	企業数
ニューヨーク	10,271,900	2,278
(北米合計)	13,474,018	——
ロンドン	2,372,738	1,957
ドイツ	1,093,962	741
パリ	991,484	914
アムステルダム	603,182	212
イタリア	569,732	239
スペイン	402,163	1,122
ブリュッセル	245,657	146
スイス	689,199	232
(8取引所連合合計)	6,968,117	5,563
ストックホルム	278,708	258
コペンハーゲン	98,881	242
オスロ	46,273	231
(北欧NOREX合計)	423,862	731
ヘルシンキ	154,833	129
アテネ	80,126	229
アイルランド	66,593	79
リスボン	62,954	135
ルクセンブルク	38,182	53
ウィーン	35,779	96
(EU15＋スイス合計)	7,784,173	6,784
東京	2,439,549	1,838
(日本合計)	2,495,757	——

表5　世界の株式市場の時価総額と上場株式会社数（1998年末）

(注) 1998年末の各証券取引所上場株式。
原則的に外国株を含まない内国株。
時価総額のアメリカ・ドル換算は、
1998年末の為替レートによる。

(出所) International Federation of Stock Exchanges

ＥＵ諸国とスイスを加えたヨーロッパ市場は、全体ではニューヨーク市場に迫っている。さらにそれを国ごとにみれば、イギリスが中心であり、ドイツ、フランス（パリ）が追い上げていることが分かる。なお、表には数字が加算されていないが、イギリスの場合は外国株の発行がとくに多いのが特徴である。

ユーロの導入によって、一一カ国の株式はユーロ建てで売買できるようになり、イギリスもロンドン証券取引所でユーロ建ての株式売買を導入している。これまでヨーロッパの株式市場は国別に分断され小さかったため、企業にとっての上場メリットが少なく、上場する企業は多くなかった。これが巨大なユーロ市場の形成により、証券市場も統合されることになって、資本調達手段として上場メリットが生まれた。

こうして一一カ国の株式市場が、ユーロで売買できるようになったという点で、一九九九年においてすでに実態的に統合されると、旧来の分断されていた株式市場の動きとは異なる新しい動きが起こった。投資家がユーロ市場ベースで投資先企業を決定するという動きである。したがって、その国の経済情勢にかかわりなく、国際競争力のある収益性の高い有力国際企業の株へ投資が集中するようになったのである。アイルランド、フィンランド、スペインなどの企業で、景気がよいため収益がよくとも、株価は一向に上昇しないという現象が起きた。これらの国の投資家も、国内株式市場からユーロ圏株式市場をみて、国際競争に勝ち抜ける、より収益性の高いヨーロッパ企業へ投資先を変更してしまうからである。

汎ヨーロッパ統一証券取引所の創設構想

ＥＵは一九八〇年代から金融市場統合をおこなってきた。単一銀行法を導入し、資本の自由化をはかってきた。九二年以来、為替管理の域内完全自由化を実現させ、証券の各国取引所のネットワーク形成をはかり、域内での取引業者の免許制度を一本化して、他国の取引所へ自由に出入りできるよう、相互浸透を整備してきた。このような株式流通の統合があってこそ、今日のようなユーロ市場を築くことができたのである。

地域的なリンクをはかるために、まず最初に、ＥＵ未参加国のノルウェー、スイスとともに、ドイツ、フランス、イタリアの地方取引所が一つのネットワークを作り、現物株市場と金融先物市場との統合をはかった。さらに、域内の株式市場の地域的リンクをはかるため、九八年九月にはドイツとスイスの金融先物取引所の一本化、九九年四月にはベネルックス三国の会員相互乗り入れと、システムの接続がおこなわれた。九九年六月にはノルウェーとスウェーデンとデンマークの現物株市場を単一システム（ＮＯＲＥＸ）とした。フランス、イタリア、スペインの金融先物取引所システムの共通化計画なども進んでいる。

また、汎ヨーロッパ的リンクとして、九九年一月に、イギリスとドイツの取引所の会員の相互乗り入れや、システムの接続などをおこなった。さらに九月には八カ国の証券取引所が、二〇〇〇年一一月にシステム相互接続開始を決定している。

こうしたこととの結果、九〇年代には、株式の流動性が高まり、増資や売出しが急増して、ヨーロッパ各国の証券市場は活況を呈してきた。九九年上半期のヨーロッパ企業による株式の新規発行、売出し実績は、ドル換算で約六八〇億ドルと半期ベースでは過去最高だった。最終的には九八年の一〇〇七億ドルを超え、過去最高になるとみられている。パリ証券取引所では、「九九年六月の一日平均売買高は二四七億フランで、九八年の平均値と比較すると八〇％の大幅増となっている」（ジェトロ報告）という。パリ取引所へは、ヨーロッパ域外からの資金流入も目立っている。このほか、活況の例としては、先述のドイツテレコム（DT）の一一〇億ドルの大型増資、水道・電力会社のビベンディ（仏）や金融コングロマリットのフォルティス（蘭）などの一〇億ドルの案件などがある。

しかし、九九年九月、ヨーロッパ証券取引所協会は、前述のように、二〇〇〇年一一月をめどにヨーロッパ主要八カ国の証券取引所を統合し、ヨーロッパ統一証券取引所を発足させる覚書を結んだと、報道された。八カ国とはイギリス、ドイツ、フランス、イタリア、スペイン、オランダ、ベルギー、スイスである。その後、ギリシャ、ポルトガル、アイルランドも参加を決定した。将来はオーストリア、フィンランドなども参加する予定である。この統合にあたり、売買注文処理のコンピュータ・システムは、各取引所の現行システムにお互い接続できる専用ソフトを開発し、自由に相互の市場に乗り入れることができるようにする。また、共通株価指数として、三〇〇銘柄を対象とする「ユーロ株価指数」の導入、印紙税の統一化などを進める計画だという。

また、スウェーデンのストックホルム証券取引所と、デンマークのコペンハーゲン証券取引所も統合すると報道されている。これに将来はノルウェー、アイスランド、バルト三国（リトアニア、ラトビア、エストニア）の証券取引所も参加する見通しであるという。将来はこの両統合証券取引所も統一されていくということになろう。

このように、ヨーロッパ統一証券市場が形成されることを通じて、ヨーロッパ企業の株式、社債の流動性が高まり、世界中からの資金が流入しはじめた。そしてヨーロッパ企業は、ユーロを武器にヨーロッパを越えて世界の中で、M&A（合併・買収）や企業競争力強化のための投資を活発化させている。

しかし、他方、こうした全体的な統合構想の裏側では、熾烈な連携合戦と、主導権争いがくり広げられてきた。フランスはパリ取引所と、フランクフルト取引所の連携を軸に、オーストリア、スイスをはじめ、大陸の取引所の糾合案《きゅうごうあん》を模索している。これにたいし、九八年七月にドイツ取引所は、ロンドン取引所と連携する旨を発表し、パリ―フランクフルト軸は崩れた。

そこでフランスはミラノ取引所（イタリア）、スイス取引所と連携し、さらに他の大陸取引所への拡大を狙っている。

連携とは、まず同一の電子取引システムを作ってリンクすることであるが、各国間の電子取引システムの違いもあり、実態的な統合システムとなるまでには時間がかかりすぎるのではないかと危惧されている。報道された汎ヨーロッパ株式市場構想が、実現には四〜五年は要するだろうという見方もある。

生産拠点の見直し——ヨーロピアン・タイガーの登場

通貨統合の影響の一つには、生産拠点の見直しがある。価格の透明性を通して、労働コストと生産性の違いがあきらかとなり、生産拠点を労働コストの安い周辺国へ移転させる動きも起こる。フランスのルノーが、ベルギーの工場を閉鎖し、スペインでの生産能力を拡大したのもその例である。

こうした動きはユーロ導入以後も加速している。フォルクスワーゲン（独）は一九九九年二月に小型乗用車の主力車種の国内生産を中止し、スペイン工場に移管・集約した。次いで六月には、ポルトガルのミニバン生産の合弁工場を完全子会社化して生産の増強をはかった。

EU域内では、このところアイルランド、スペイン、ポルトガルなどの周辺国の経済成長率が相対的に高く、域内の所得水準の平準化が進んできた。これもユーロ効果の一つである。こうした動きはこれまでの単一市場の形成、単一通貨への対応としてみられてきたが、今後さらに加速する可能性もある。

このように経済活動が活性化したヨーロッパ周辺国は、「ヨーロピアン・タイガー」とよばれるようになった。「アジアのタイガー」がアジアに新世紀をもたらしたように、これらヨーロッパのタイガーは、ヨーロッパに新世紀をもたらしうる現象の一例といえよう。

ヨーロッパの先進地域は、ロンドン（イギリス）―パリ（フランス）―ブリュッセル（ベルギー）―ロッテルダム（オランダ）―ケルン（ドイツ）―ミュンヘン（ドイツ）―ミラノ（イタリア）にいたるラインで、これはその形態がバナナに似ていることから「青いバナナ」とよばれている。これにたいし、近年の高い成長地域はヨーロッパの周縁（ペリフェリ）諸国（アイルランド、スペイン、ポルトガル、フィンランドなどのほかに、ハンガリー、ポーランド、チェコなどの中東欧も含む）で起こっている。

この高い成長をみせる周縁国の中でスペイン、北イタリア、南フランス、ポルトガルなどの南の地域を、アメリカの南西部地域と同じように「サンベルト」と呼んでいる。ユーロのスタート後の「青いバナナ」と「サンベルト」の動向については、二つの考え方がある。一つは、単位労働コストが競争力を決める主因となるため、「青いバナナ」から「サンベルト」へ企業拠点が移行する動きが強まるとする見方である。

もう一つは、逆にサンベルトよりもバナナへの投資が促進されるとする見方である。日本のトヨタがフランスの南部でなく、北部に進出したのはその一例であり、ドイツの自動車メーカーの中にもスペイン拠点拡大のケースと縮小のケースがある。

中心国におけるユーロ

こうしたユーロ効果は、周縁国だけでなく、フランスなど中心（センター）国の成長性を強める可能性もあるとみられている。これまで各国は地域の基軸通貨であるマルクにたいしペッグ（固定あるいは連動）させるために、自国のインフレ率をドイツのそれ以下に抑えることによって、国際競争力を改善してきた。これを競争的ディスインフレ政策という。インフレが国際競争力を低下させるからである。ドイツよりインフレ率を抑えるには、自国の金利をドイツより若干高めにせざるをえなかった。フランスもそうした政策をとってきたため、ドイツより金利が高めとなり、フランス企業はドイツにたいして不利となり、これがフランスの潜在成長力を抑制してきた。ユーロ導入以後は、そのような金利を設定する必要はなく、ＥＣＢの設定金利をベースとして、ドイツと同等の金利設定でよいことになる。

それによって不利となっていた企業の投資活動が解放され、フランスの潜在成長力が顕在化する可能性がある。実際にフランスへの投資や内需などの経済活動が活発になっている。フランスは一九九八年には外国資本の受入れによって、過去一〇年間で最高の二万九四一一人の雇用を創出した。こうしたことから、フランス経済はドイツに比べて、ユーロ導入決定を契機によくなっていると指摘されている。

3　ヨーロッパ企業のM&Aと企業改革

ヨーロッパ企業は一九九二年の市場統合、九〇年代前半の経済後退、ユーロ誕生への対応、情報技術（IT）産業化への対応をふまえ、きわめて大規模な企業リストラに取り組み、企業改革を進めてきた。その結果、収益性を高め、さらに九九年以降のユーロ効果で競争力をいっそう強めている。ヨーロッパ企業がおこなった企業改革の様子をみてみよう。

加速した再編とリストラ

一九九〇年代前半にヨーロッパ企業は二つの方向で激しいリストラをおこなった。一つは雇用削減による合理化、もう一つは事業・組織の見直しである。前者によって、企業はコスト負担を軽減して身軽になり、後者によってとくに付加価値の高い部門へシフトしたり、技術革新に対応した企業戦略へと転換したりした。それに続く九〇年代後半のヨーロッパ企業のリストラやM&A（合併・買収）の特色は、新しい付加価値の高いコアビジネス部門への集中である。九〇年代前半の企業リストラは、膨大な数の失業者を世に送り出した。そして後者は、ヨーロッパ企業の多くをじゅうらいのハードウエア企業からソフトウエア企業へ、より付加価値の高い情報技術産業、通信産業、エンジニアリング／プロフェッショナル・サービス産業へ脱皮させていった。

オランダでいえば、フィリップスは情報技術産業へ、機械メーカーのストークはそれまでの重機械メーカーからエンジニアリング・サービス企業へ変身していった。リストラに失敗したメーカーは航空機のフォッカーのように消滅していった（ただし、航空機技術・サービス部門はストークが買収して存続）。反対に、中小企業でも急成長する企業が登場した。こうして合理化（雇用削減）と構造改革に成功した企業は、その後、高い収益性をほこり、競争力を高め、新しい成長企業へと再生した。しかしこのとき、労働生産性は上昇したが、国民経済全体としてみると雇用は増加しなかった。

猛烈なM&Aの潮流

一九九〇年代後半のヨーロッパ企業のもう一つの対応にM&Aがあった。M&Aは国際的な

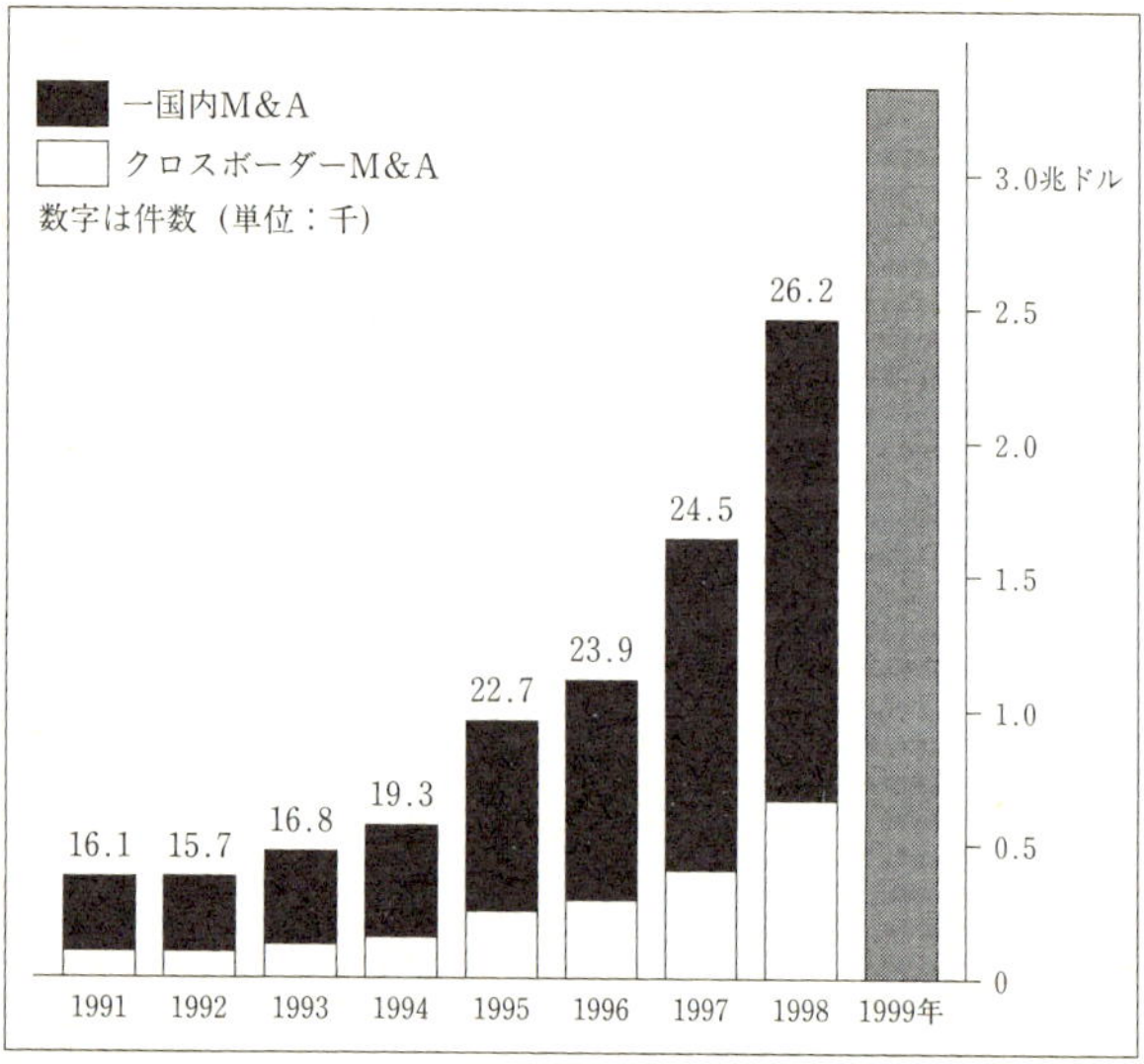

図2　世界のM＆A推移

（注）1999年のデータはM&Aの総額のみ。

（出所）トムソン・フィナンシャル・セキュリティーズ・データ

産業構造の変化をふまえた産業再編成への対応として、国際的潮流となった。とくにヨーロッパでは、市場と通貨の統合を通じて九五年以降M&Aが急増し、九八年にはユーロの発足を前にさらに加速、そして九九年のスタート後も増加を続けている。

九八年の世界のM&A額は二兆四〇〇〇億ドルで、九七年の約五〇％増であった。九九年もヨーロッパ内のM&Aは活発化している。九九年の世界のM&A契約額（計画発表ベース）は、三兆三二〇〇億ドルと過去最高で、前年比三八％増となった。

このうち、ヨーロッパのM&Aは、約一兆二一三〇億ドルで、九八年の二倍近くに達し、世界全体の中でのシェアも四〇%近くを占め、九八年の二三%に比べ急増している(トムソン・フィナンシャル・セキュリティーズ・データ調べ)。

とくにクロスボーダー(国境を越えた)M&Aが急増しており、また案件が大型化しているのが特色である。ヨーロッパのクロスボーダーM&Aは、九九年も急増しているが、九八年は買収ベースで前年比二倍増の三一七〇億ドル、売却ベースでは七三・六%増の二二二四億ドルであった。これは大企業のみならず、中小企業でもM&Aが大いに活発化したことを示している。

九九年の世界のM&Aはヨーロッパが牽引したのである。クロスボーダーM&Aの多くにヨーロッパ企業が絡み、しかも大型案件が多かった。九九年最大のM&Aは、携帯電話事業をめぐる、ボーダフォン・エアタッチ(英)によるマンネスマン(独)の敵対的買収提案で、ドル換算で約一二五〇億ドルと、実現すれば過去最大となる。

自動車産業、金融、製薬・健康関連産業、情報通信産業、航空防衛産業などがM&Aの主役となった。また、通信の完全自由化の九八年一月実施や、金融再編の進展により、九六年以降数多くの買収や提携が発表されてきた。

自動車では、九八年のダイムラー・ベンツ(独)とクライスラー(米)の合併による、ダイムラー・クライスラーの誕生が業界再編の動きに拍車をかけた。同社は売上高ではGM（米）に、純利益ではフォード（米）に迫り、業界第三位から二番手へ浮上してきた。九九年一月には、フォード（米）がボルボ（スウェーデン）の乗用車部門を買収、ルノー（仏）と日産（日）の大型提携・合併による大きな再編成があった。ルノーの日産への資本参加によって、年間生産台数四八〇万台、世界シェア九・一％の新たな国際企業グループの誕生となり、生産台数ではダイムラー・クライスラーを上回って、トヨタ・グループに次ぐ、世界第四位の自動車メーカーとなった。

他方、単独での生き残りをめざすBMW（独）は、九四年に買収したローバーの赤字が足を引っぱっている。BMWはローバーの再建計画として、ロングブリッジ工場再建をめぐってイギリス政府から補助金交付を受けることで三月に合意した。

ボルボは、九九年一月に乗用車部門をフォードに売却した後、八月にスウェーデンのトラック・バスメーカーのスカニアを買収して、大型トラック・バスメーカーとしては、世界最大のダイムラー・クライスラーの商用車部門（メルセデス）に次ぐ、巨大グローバル企業へと発展した。そして、一〇月には三菱自動車（日）と株式持ち合いによる提携を発表した。他方、ダイムラー・クライスラーはプジョー（仏）とフィアット（伊）との三社による提携交渉をしていると報じられている。

金融部門の再編成

金融部門のＭ＆Ａにもとくに激しいものがあった。

フランスでは、一九九九年に入って、商業銀行ソシエテ・ジェネラル（ＳＧ）と投資銀行パリバの合併計画に、パリ国立銀行（ＢＮＰ）が三行合併を主張して割りこみ、泥沼化した。フランス政府の金融監督機関（ＣＥＣＥＩ）は八月に、ＢＮＰによるＳＧの買収を許可しないとの決定を下した。八月にＢＮＰとパリバの合併が決まり、残されたＳＧはスペインのサンタンデール・セントラル・イスパーノ銀行と提携交渉中と伝えられる。

また、フランスでは、保険会社アクサによるイギリス保険会社の買収、フランス貿易銀行とクレディ・ナショナルとバンク・ポプリエール三行の合併があった。

ドイツでは、ドイツ銀行がバンカース・トラスト（米）を買収して、アメリカへ進出、次いでクレディ・リヨネ・ベルギー（仏）の買収をおこなった。

これまでドイツでは、金融も含む各企業の大型化、国際化の遅れが指摘されていただけに、ユーロ誕生や市場のグローバル化に備えた、ドイツ企業による業界再編の動きには目を見張るものがあった。

スペインでは第一位のサンタンデールと、第三位のバンコ・セントラル・イスパーノの合併等々である。

イタリアでは、第二位のバンカ・インテーサと第四位のイタリア商業銀行の合併によって、イタリア第一位の新銀行が誕生した。いままで政府の手厚い保護・介入によって守られ自由競争にさらされることのなかったイタリアにも、ユーロ発足後銀行再編の波は急速にやってきた。イタリアの銀行界は複雑な株式持ち合い制度で成り立ってきた。その鎧で外資の進入を阻止してきたため、収益性は低かった。少数の大手銀行を頂点とするグループ化・集中化が急ピッチで進み、いまある二〇の銀行が三〜四のグループへと集中する過程にある。

このほかに、スエズ銀行とクレディ・アルグリコールの合併、クレディ・ローカル・ド・フランスとクレディ・コミナルベリックの二行の提携などがあった。

航空・防衛産業の再編

航空・防衛産業でも、一九九九年に入って再編成が加速している。まず、ブリティッシュ・エアロスペース（BAe。英）とゼネラル・エレクトロニック（GEC。英）の防衛部門マルコーニが一月に合併したのに続き、六月にはアエロスパシアル（仏）がマトラ・オートテクノロジー（ラガルデール傘下。仏）と合併し、アエロスパシアル・マトラとなった。一方、ダイムラー・クライスラー・エアロスペース（DASA。独・米）は、七月にスペインの航空宇宙メーカーＣＡＳＡとの合併合意を発表した。

この合併合意は、英仏独スペイン四カ国の企業の共同出資によるヨーロッパ航空機メーカー、エアバス・インダストリー（欧州企業連合体航空機メーカー）の主導権を握るためのものであった。出資者であるＤＡＳＡはエアバス・インダストリーの株式の三七・九％、ＣＡＳＡは四・二％を保有していたので、合併後は四二・一％となる。これにたいし、二〇％を握るＢＡｅと三七・九％を保有するアエロスパシアル・マトラの両社は、ひそかに持ち株を統合して五七・九％とし、独スペイン連合に対抗する話し合いに入ったと報じられていた。

ところが、一〇月に突如として、ＤＡＳＡとアエロスパシアル・マトラが合併を発表、新社名はＥＡＤＳ（欧州航空・防衛・宇宙会社）とし、独米仏による一大航空・宇宙グループが形成されることになった。ＥＡＤＳの売上高は約二一〇億ユーロ（うち八二億ユーロがエアバス事業）で、総従業員数は八万九〇〇〇人となり、アメリカのボーイング、ロッキード・マーチンに次ぐ、世界第三位の航空・防衛企業となる。ＥＡＤＳの資本は、ＤＡＳＡが三〇％、フランス政府が一五％、ラガルデールが一一％、フランスの機関投資家が四％で、四〇％は株式市場によっている。この巨大航空会社の実現は、アエロスパシアルの最大株主であるフランス政府が、保有株の約半数を放出する決断をしたことによる。しかも結果として、ＥＡＤＳはエアバス・インダストリーの株式の八〇％を保有することになった。

そもそも、エアバス・インダストリーは、ヨーロッパがアメリカ航空機産業に対抗するために設立したプロジェクトであり、フランスがコックピット、ドイツが機体、イギリスが翼というように担当部門を分割する経営スタイルだった。BAeは営業面ではこの会社にかなりの貢献をしていたが、機体組立工場はフランスとドイツにあったために、イギリスの雇用増加には結びついていなかった。EADSの誕生によって、エアバス・インダストリーの民営化（株式会社化）が早まるという観測と同時に、BAeの撤退やボーイング（米）との提携の可能性も指摘されている。現実に、ボーイングはヨーロッパでの新型ミサイルの受注をねらって、BAeやフィンメカニカ（伊）との共同開発を発表している。

流通・通信・鉄鋼業界

流通業界の再編と国際的展開の動きも激しい。メトロ（独）は一九九八年に、オランダの卸売大手マクロの買収に続き、アルカウフ・グループ（独）を買収。エデカ（独）とオーストリアのアデーク、レッカーランド（独）とオランダ・ベルギーのマース・インターナショナルの提携、フランス国内二位のスーパーマーケットのアンテルマルシュによるドイツ国内八位のシュバーの買収、フランスの流通第二位のカルフールによる同五位のプロモデスとの合併などがあった。

また欧米間の連携として、フランスのカルフールやプロモデス、ドイツのメトロやオランダのアホールトなどのヨーロッパ企業による、アメリカ、日本、次いでアジアへの進出がおこなわれてきた。

反対に、アメリカ企業のヨーロッパへの進出も多くなった。世界最大手のウォルマート（米）は、九七年にヴェルトカウフ（独）とインターシュパー（独）を買収、ドイツへ進出するとともに、九九年には食品スーパーのアスダ（英）を買収して、イギリスにも足場を作った。

物流も国境を越えた事業展開が加速しているが、ヨーロッパでは九九年に宅配事業のヨーロッパ展開の一環として、イギリス郵便会社がドイツの大手ジャーマン・パーセルを買収、フランス郵便局が同じくドイツのデンクハウスを買収している。さらに一二月には、ドイツ国営のドイツ郵便が、アメリカの陸上輸送トップ一〇に入るエア・エクスプレス（ＡＥＩ）を一一億ドル強で買収してアメリカへ進出、ＵＰＳ（米）、フェデックス（米）に対抗した輸送網を形成した。

通信産業は情報技術革命によって、国際的な再編のうねりがもっとも激しい部門である。ヨーロッパ第一位のドイツテレコム（ＤＴ。独）は、フランスの電電会社シリスを買収した。また、九九年三月に調印されたノルウェーとスウェーデンの国営通信会社の合併について、欧州委員会は一〇月に条件つきながら承認し、ヨーロッパ第六位の通信会社の誕生となった。

一一月には、世界最大の携帯電話会社、ボーダフォン・エアタッチ（英）が、ドイツを代表する機械大手で、携帯市場ではドイツテレコムと並ぶ市場シェアをもつマンネスマン（独）にたいし、買収を提案した。マンネスマンはこれを拒否したため、一二月にボーダフォンは一般株主にたいし、総額一二五〇億ドルにのぼる敵対的ＴＯＢ（株式公開買付け）をおこなう旨発表し、市場での争奪戦がおこなわれている。マンネスマン株一株をボーダフォンの新株五三・七株と交換する内容で、実現すると、過去最大の敵対的Ｍ＆Ａ案件となる。携帯電話産業は、これほどの資金を使ってもペイしうる産業であることを、みせつけているかのようである。また、オランダの大手通信・電話会社ＫＰＮとアメリカの地域通信大手ベルサウスは、二社連合で一二月に、ドイツの携帯電話第三位のＥプルスを買収した。

欧米を中心とするテレコムの再編はそれ自体が大変なドラマとなっている。

鉄鋼産業では、九七年にドイツの鉄鋼エンジニアリング業界第二位だったクルップ・ヘッシュが、同一位のティッセンにたいしてＴＯＢをかけたケースが知られる。小が大を飲みこもうとする敵対的ＴＯＢである。このとき、ＴＯＢ資金を出したのがドイツ銀行とドレスナー銀行で、しかも買い付けされるティッセン社の監査役会に、ドイツ銀行の取締役がメンバーとして加わっていた。結果は世論の反発にあって小規模の合併に終わったが、これがドイツの企業経営の特色である監査役会の役割を、再検討する気運をもたらした。

医薬品産業でも国境を越えた大型合併が進んでいる。とくに新薬研究開発費用の増大に対応するための資本力増強と、リストラによる事業の効率化・重点化をはかるために大型合併が活発化している。九八年以降をみるだけでも、サノフィ（仏）とシンセラポ（仏）、ヘキスト（独）とローヌプーラン（仏）、ゼネカ（英）とアストラ（スウェーデン）などが合併を発表している。

新大西洋時代の到来

欧米間のM&Aも激しい。ダイムラー・ベンツとクライスラーの合併、ドイツ銀行によるバンカース・トラストの買収、フォードによるボルボ（スウェーデン）の買収（乗用車部門）、アメリカ流通企業のヨーロッパへの展開などについては、先にもふれた。

環境部門でも両大陸の連携が進んでいる。フランスの環境・建設・情報通信コングロマリットであるヴィヴァンディ・グループは、アメリカの水処理機器メーカー最大手のUSフィルターにTOBを出した。フランス企業によるアメリカ企業買収では最大規模である。こうした世界の大競争時代への対応を通じた、米欧企業間の連携の深化を、「ビジネスウィーク」誌は「新大西洋時代」の到来と表現した。

石油産業では、一九九八年から九九年にかけて、エクソン（米）とモービル（米）の合併合意に触発されて、ブリティッシュ・ペトロリアム（BP。英）とアモコ（米）の合併と、合併後のBPアモコによるアトランティック・リッチフィールド（米）の買収合意があった。この二社と、ロイヤル・ダッチ・シェル（英・蘭）の三社がスーパー・メジャーとよばれる飛び抜けた大きさとなっている。ユーロ導入による競争激化をふまえ、いままでヨーロッパではあまりなかった敵対的買収も増えてきた。九九年にはイタリアの通信・事務機器のオリベッティは、テレコムイタリア（TI）に敵対的買収をしかけ、買収に成功した。前述のフランス大手銀行のソシエテ・ジェネラル（SG）とパリバが合併合意ののちに、パリ国立銀行がTOBをおこなったのも敵対的買収といえる。また、七月のベルギーのトータル・フィナはフランス石油大手エルフ・アキテーヌの買収提案、前述のボーダフォン・エアタッチによるマン

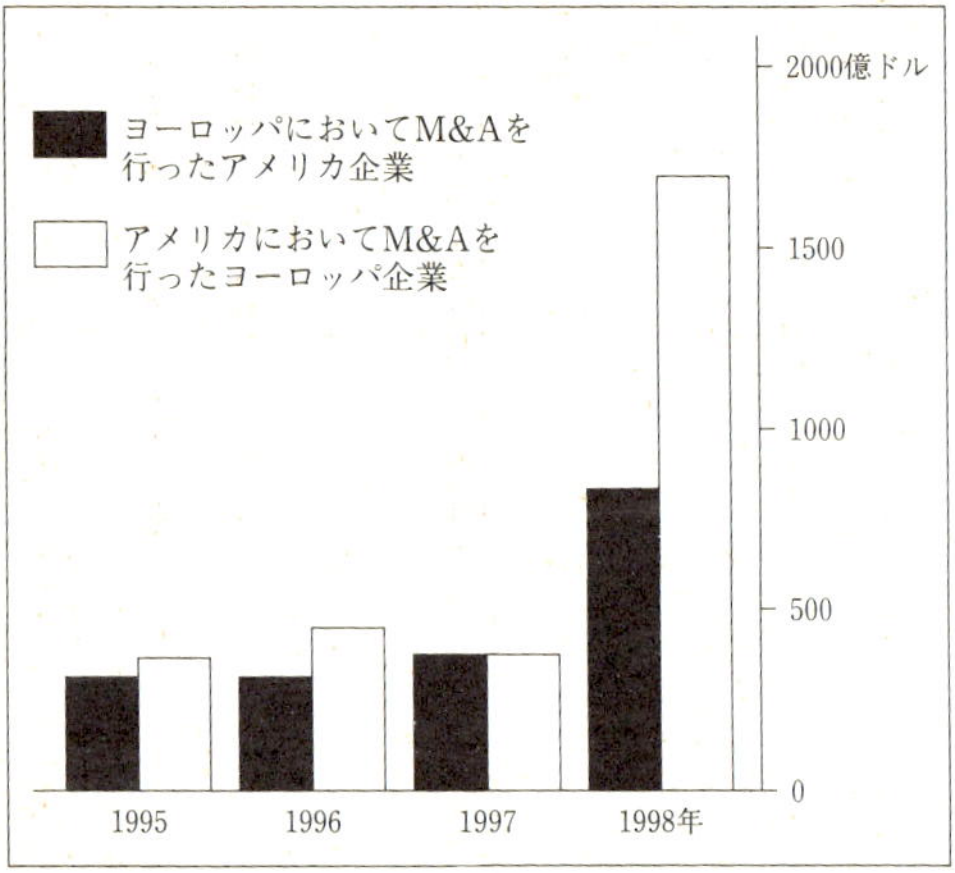

図3　欧米間のM&A
（出所）トムソン・フィナンシャル・セキュリティーズ・データ

ネスマンにたいする敵対的買収等々がある。

ヨーロッパ企業の再生へ向けた域内・域外でのM&Aの状況をみると、欧米企業の関係緊密化がますます深くなって、欧米企業の連携による世界のオリゴポリ（寡占化）が起こりつつあるともいえる。また、こうしたダイナミックな国際的企業再編成の動きの中で、日本企業だけがおいてきぼりを食っているのではないかという懸念も湧いてくる。日本企業の現状は、八〇年代に必要とされた経済・社会改革を先送りにしてきたツケが、この重要な時期に回ってきて、取返しのつかない遅れに直面しているといえる。

規制緩和・民営化

ヨーロッパ企業の競争力の強化には、もう一つ規制緩和・民営化の動きが大きく働いてきた。規制緩和・民営化はEU共通の課題であり、イギリスなどが一九八〇年代から取り組んできたものであるが、九〇年代後半がその実施時期となった。

この時期は、経済通貨同盟（EMU）への参加をめざす国が、経済収れん基準の達成のために、財政収入の増大を目的とした民営化を急速に進展させていった時期でもある。民営化によって政府の保護から切り離された事業体は、収益をあげるための経営努力をしなければならない。

九六年には小売業界の規制緩和がおこなわれた。ドイツやオランダなどには閉店法があって、小売店の営業時間は規制されてきたが、九六年に緩和された。それまでドイツでの営業時間は六時半までだったが、いまでは八時まで営業可能である。そして、九七年四月の航空輸送産業完全自由化、九八年一月からの通信市場完全自由化をはじめ、多くの産業で自由化が進展し、かつ民営化がおこなわれている。

国有企業が国民経済上重要な地位を占める、混合経済体制下のフランス、イタリアでも、八〇年代にイギリスで始まった規制緩和・民営化の成功を受けて、九〇年代には民営化への動きが活発化してきたのである。

収益性の回復

こうしてヨーロッパ企業は果敢に、リストラを含む事業・組織の見直し、M&A、規制緩和・民営化、産業再編に取り組んだ結果、企業収益は上昇し、競争力を回復してきた。そして、株式市場も企業収益の向上とともに活況を呈してきた。

ヨーロッパ企業の収益見通しについて、モーガン・スタンレー社は一九九六年のヨーロッパ企業の収益性は四%だったが、二〇〇〇年には五%へ上昇するとしている。

近年、アメリカの株式市場へ上場するヨーロッパ企業が増えてきていることも、企業の再生の兆候を示している。ニューヨーク証券取引所での外国企業の上場企業数をみると、一九八〇年代には日本は一〇社あったものが、九〇年代（九七年一〇月まで）には一社にとどまっている。これにたいし、ドイツ、フランス企業は八〇年代にはゼロで、オランダ企業が五社だったが、九〇年代にはドイツ五社、フランス一二社、オランダ一〇社と増加している。

ヨーロッパの経営は、アメリカの年金基金のヨーロッパへの投資増大、民営化の進展、大規模なM&Aの増加によって大きく変化しつつある。株主への情報開示、自己資本利益率（ROE）の重視など情報公開や透明性が求められることになる。

また、こうして収益性と競争力を高めてきた結果、マネジメントの新しい流れとして、企業の経営主体を監視するという、コーポレート・ガバナンス議論が高まっている。

ヨーロッパ企業の経営は、いわゆる米英のアングロ・サクソン型とは違い、ドイツ型（ライン型）あるいはフランス型といわれてきた。福祉国家を前提とし、ダイナミックな経済と社会的正義の両立をふまえ、企業の社会福祉負担をよしとし、米英型にくらべ、簡単には従業員の首を切らない、労使協調型の、そのため労働の柔軟性に乏しい経営をおこなってきた。しかし、統一市場、統一通貨の実現を通してグローバル化が加速し、アングロ・サクソン型経営がヨーロッパ企業にも急速に影響を与えてきている。第五章でふれるように、労働の柔軟性を求める動きや、たとえば、前記のニューヨーク市場へ上場するヨーロッパ企業が増えていることや、ドイツでは年次報告のみならず、中間期報告もドイツ語から英語で発行する企業が増え、英語ができないと役員になれないといった事態も生まれているのも、その象徴的事例といえよう。

こうしたリストラ、M&A、再編を通じて、ヨーロッパ企業のランキング（「フィナンシャル・タイムズ」のヨーロッパ五〇〇社）は、ここ数年で急変してきた。ヨーロッパでもハイテクや情報通信関連企業が勃興し、中小企業にも台頭してきているものがある。

しかし、数多くのプラス要素をもった企業改革は、逆に失業率の増加を招き、新しい構造問題をも生み出してきた。

第四章　基軸通貨としてのユーロ

1　基軸通貨国であること

基軸通貨国のメリット

ユーロの発足には、ヨーロッパに、アメリカ・ドルに対応する基軸通貨をもう一つ創るという目的があった。一九九九年一年間で、ユーロは通貨として確固とした存在を確立したものの、各国における外貨準備のユーロ化の動きは明確にはみられず、ドルに拮抗する基軸通貨として信認され、定着するにはまだ数年を要するだろう。しかし、ユーロは着実にその方向に向かっている。

三六年までに世界は金本位制から管理通貨制に移行した。管理通貨制とは中央銀行券と金貨幣との交換をとりやめ、中央銀行の発行する非兌換券《ひだかんけん》にたいして国家が強制的に通用力を付与するものである。アメリカは三四年に国内でのドルと金との兌換を廃止し、管理通貨制に移行した。

戦後の国際通貨システムは、四四年にアメリカのブレトンウッズでの連合国首脳会議で合意された、ドルを対外国通貨当局に限って金価値で保証する（金兌換をおこなう）、ドル基軸通貨体制だった。金とドルの兌換は一オンス＝三五ドルの公定価格が設定され、各国通貨はドルを通じて金と兌換できるという「金為替本位制」であった。ドルは金の代理人となって世界通貨の役割を果たすことが公認されたのである。これをブレトンウッズ体制と呼んだ。円が一ドル三六〇円の時代のことである。

その後、六〇年代のアメリカは国際競争力がしだいに低下し、貿易赤字が定着していく。さらに対外援助や軍事援助を通じてドルの垂れ流しが起こり、経常収支赤字が慢性化した。ドルを介した金の兌換制度によって金は海外に流出し、もはや兌換を維持できなくなった。そこで、七一年八月、ニクソン大統領はドルと金の兌換を停止する声明を発表して、ブレトンウッズ体制は崩壊した（ニクソン・ショック）。

新しい通貨システムとして、七一年一二月にドルへの変動幅を四・五％とするなどのスミソニアン合意ができて限定変動相場制として動き出したが、これも一年で崩壊し、七三年以降は、完全変動相場制へ移行した。それとともに、「為替リスク」という新しい世界経済の問題点が発生する時代を迎えることになった。

しかし、ドルは金と兌換できなくなったものの、その後も基軸通貨としての地位は揺るがなかった。ヨーロッパではより安定したドイツのマルクが国際通貨となり、日本の円もアジアで若干ながら国際通貨となっていったが、実際にはドルが世界の主要な決済通貨として君臨し、資産価値をはかる通貨として普及し続けた。変動相場制度（フロート制）に移行してからのドルは、継続的に減価して（安くなって）いったが、交換手段としての機能においては、世界で中心的な役割を果たした。このブレトンウッズ体制以後の国際通貨システムは「ドル本位制」とよばれるようになった。

金本位制は、金との兌換を規定する各国の法律に基づく体制であったが、完全変動相場制は国際間の通貨の交換を自由な市場にまかせようというもので、法制に基づかない「ノン・システム」の仕組みである。つまり、現在の「ドル本位制」の仕組みは「システムの民営化」によっておこなわれているといえる。

「ドル本位制」とは、このように、国際金融市場と外国為替市場で、ドルが圧倒的地位にある実態を表現したものである。いまでは、世界のモノや資産などはドルという貨幣によって価値がはかられる状況にある。世界貿易の半分以上がドルを取引通貨として決済されているように、ドルを媒介貨幣として世界の多くの取引がおこなわれていることが、「ドル本位制」といわれるゆえんである。

このようにドルを唯一の基軸通貨とするような体制のもとで、アメリカが基軸通貨国として責任を果たしているうちはいい。しかし、アメリカ経済には問題が多く、現実に七〇～八〇年代には、国内に経済問題が起きて景気対策、失業対策、株式市場安定化対策などが必要になると、基軸通貨国の横暴さで勝手にドルの切上げや切下げをおこない、その問題を調整してしまうようなことがしばしばあった。

ニクソン・ショック、スミソニアン合意、その後のカーター・ショック、八五年の円高への国際的合意をもたらしたプラザ合意は、すべてそのような姿勢から出たものである。九〇年代に入っても、前半の急速な円高、後半のドル高政策、九九年の円高・ドル安等々と続く。

基軸通貨国は国際的に通貨の秩序を維持する責任があるのだが、それを一時的に放棄して、自国利益を優先的に追求しようとする場合、そのツケ（被害）が一方的にヨーロッパ、日本などの非基軸通貨国に及んでくる。

これではヨーロッパが経済再生のためにいくら努力しても、アメリカの都合で一方的に無に帰してしまうこともありうる。そこでヨーロッパ自体が主体的に影響力を発揮できるよう、もう一つの基軸通貨を作ろうとしたのが単一通貨ユーロ導入の理由であった。

基軸通貨国になると、どのようなメリットがあるのか。第一には自国経済を自前の通貨と政策によって運営できる。つまり、主体的で安定的な経済運営が可能となる。第二には他国の為替政策が自国経済に与える影響を軽減できる。第三にはヨーロッパの資本市場が強大になり、かつ企業にとっては、ユーロ圏域内での為替リスクとコストの消滅により資金調達が容易となるため、競争力強化につながる。第四には世界経済における発言力を強めることができる。

これまで、ドイツ・マルクがローカルな基軸通貨としてすでに機能してきたが、これにヨーロッパ各国が合体してユーロ圏を形成し、ユーロをマルク化させる（強い通貨となる）ことによって、アメリカ・ドルに対抗する、もう一つの基軸通貨となりうると考えたのである。

基軸通貨の要件

では、ユーロは基軸通貨になりうる要件を備えているのだろうか。基軸通貨の要件としては、次の四点があげられる。

第一には実物経済の規模。アメリカ、日本に対応する経済規模があるか。政治的・経済的、また国際的に重要な役割を果たしうる国であるか。政情は安定しているかなどである。この点では、統合によってヨーロッパにはアメリカに拮抗する経済規模が形成され、ＥＵという統一した政治力と政治の安定性がある。

第二に、資本市場の発達。発達した金融・資本制度が存在し、通貨の交換性が保証され、資本取引に規制がなく、自由な制度となっているか。つまり、資本市場は幅広く充実しており、自由で利便性と効率性のよい市場になっているか。この点では、ヨーロッパにはロンドン、フランクフルト、パリなど、十分発達した金融・資本市場がある。

第三には、強い通貨たるための健全なファンダメンタルズ（経済基盤）。この点でヨーロッパは、かつての一九八〇年代のアメリカに比べて健全である。ユーロに参加するためのマクロ経済指標の収れん基準を定め、各国はそれに向かって努力し、経済構造の改革を推進してきた。
第四は産業・貿易の競争力。産業面では情報技術産業をはじめとして、アメリカの競争力は九〇年代には圧倒的だったが、ヨーロッパ企業もこうした国際競争に対処すべく、M&A（合併・買収）などを通じた企業改革と産業の再編成を急速に進めてきており、収益性も高まってきた。逆に貿易収支、経常収支ではアメリカは巨大な赤字を抱えこみ、これがアキレス腱となっているが、ユーロ一一カ国の経常収支は黒字も大きく、健全である。

ユーロ圏の経済規模

具体的な数字でもう少し詳しくみてみよう。表6はユーロ圏一一カ国と、アメリカ、日本について主要経済指標を対比したものである。

人口規模はユーロ圏が二億九二〇〇万人で、アメリカの二億七〇〇〇万人、日本の一億二七〇〇万人をしのいでいる。経済規模をあらわす世界の実質国内総生産（GDP）に占めるシェア（九八年）は、アメリカが二〇・八%と最大だが、ユーロ圏は一五・五%で、日本の七・四%の倍近い経済規模がある。

財政の健全性を示す財政赤字の対GDP比率（九八年）では、アメリカは八〇年代から九〇年代前半までの大赤字時代から九八年にはいつのまにか黒字に転じているが、ユーロ圏もマイ

ユーロ圏	アメリカ	日本
2億9200万人	2億7000万人	1億2700万人
15.5%	20.8%	7.4%
17.8%	10.9%	11.5%
20.1%	16.3%	7.6%
5兆20億ECU	11兆3640億ECU	4兆150億ECU
3兆1910億ECU	9兆6800億ECU	3兆3010億ECU
0.9%	1.5%	0.8%
10.8%	4.4%	4.4%
-1.6%	2.2%	-8.2%
73.8%	59.3%	115.6%
1.1%	-1.7%	2.3%

④ユーロ圏については調和消費者物価指数(HICP)より、
アメリカと日本は政府公表統計より。
1ECU=1ユーロ
(出所) 欧州中央銀行月例報告等から作成

ナス一・六%と、参加基準であるマイナス三%より低くなり、改善されている。これにたいし日本はマイナス八・二%(九九年度の国・地方を合わせた財政赤字比率は、年初が九・二%、年度末には一〇・七%が見込まれている)で、ユーロ圏への参加資格すらない。

対外経済関係の健全性を示す経常収支(九七年)については、日本が対GDP比二・三%ときわめて健全な状況にあり、ユーロ圏も一・一%と黒字である。これにたいしアメリカはマイナス一・七%と非常に悪い。九八年のユーロ圏の経常収支黒字は九〇〇億ドルと日本の二倍である。ちなみにアメリカの経常収支赤字はほぼ二〇〇〇億ドルである。

	時期
人口	1998年
GDPシェア（対世界）①	1998年
商品輸出（対GDP比）②	1998年
輸出シェア（対世界）	1998年
国内証券・債券発行残高	1997年末
株価総額③	1998年10月
消費者物価上昇率④	1998年11月
失業率（対労働力人口）	1998年11月
財政赤字（対GDP比）	1999年末
政府債務残高（対GDP比）	1998年
経常収支（対GDP比）	1997年

表6　ユーロ圏、アメリカ、日本の主要経済指標（欧州中銀取りまとめ）

（注）①GDPは購買力平価（1998年）による実質値。
ユーロ圏は1990年基準。
②ユーロ圏貿易は除く。輸出はFOB、輸入はCIF。
③アメリカはニューヨーク証券取引所（NYSEおよびNasdaq）、
日本は東京および大阪証券取引所。

アメリカの経常収支がこのように巨額の赤字となっていることは、アメリカが世界にドルをばらまいていることを示し、アメリカがどれだけ自国の経常収支を赤字にしても、その赤字分が世界中にドル資産として保有される。これが「ドル本位制」のもう一つの実態を示すものとなっている。そしてどんなに赤字になっても、黒字国がドルで資産運用するため資金はアメリカへ還流し、アメリカでは債務危機は発生しなかった。アメリカがドル高政策を維持する必要性もそこにあった。ドル高にしておけば世界からの還流資金で巨額の経常収支の赤字（二〇〇〇億ドル）を穴うめできるからである。

加えて、ドルに代わる基軸通貨がなか

ったので、他の通貨に資金移動することが少なかった。このような膨大な赤字でも、アメリカの株式市場に世界から資金が還流してきているのは、経済基盤が強く、そしてアメリカが唯一の基軸通貨国であるがためである。先にもふれたとおり、アメリカ経済に問題が起これば、基軸通貨国の横暴によって、為替を一方的に調整してしまえばいいからである。

失業率（九八年一一月）はアメリカ、日本ともに四・四％だが（日本は歴史的な高さであるが）、ユーロ圏は一〇％を超えてしまっている。

政府債務残高の対GDP比率はアメリカが五九・三％ともっとも低く、ユーロ圏は七三・八％と、ユーロ圏基準である六〇％をまだ達成できないでいる。これにたいし日本はアメリカの倍（一一五・六％）もの債務比率がある。これは財政赤字の大きさに対応したものである。

表6からみると、アメリカ経済の問題点は巨額な経常収支赤字にあり、ユーロ圏経済の問題点は高い失業率にあり、日本経済のそれは巨額の財政赤字にあることが分かる。しかし経済規模を比較すると、ユーロ圏は十分アメリカに拮抗するものであることがあきらかである。

世界の決済通貨としてのユーロ

自国経済の世界への依存度を示すものとして、商品輸出の対GDP比率をみると（一九九八年）、アメリカは一〇・九％、日本は一一・五％なのにたいし、ユーロ圏は一七・八％ともっとも高い（域内貿易を除く）。

世界貿易（輸出）に占める比率では、日本が七・六％、アメリカが一六・三％にたいし、ユーロ圏は二〇・一％（域内貿易を除く）と大きなシェアをもっている。ユーロ圏は世界経済との結びつきがそれだけ大きいことを意味する。

（単位：%）

	1980年	1995年
アメリカ・ドル	56.4	52.0
ドイツ・マルク	13.6	13.2
フランス・フラン	6.2	5.5
イギリス・ポンド	6.5	5.4
イタリア・リラ	2.2	3.3
オランダ・ギルダー	2.6	2.8
日本・円	2.1	4.7

表7　世界貿易での決済（使用）通貨比率
（出所）欧州委員会

表7は世界貿易での決済通貨比率をみたものである。九五年にはドルが五二・〇％を占め圧倒的で、ドイツ・マルクは一三・二％でこれに次いでいる。円は四・七％と低く、フランス・フラン、イギリス・ポンドより小さい。アメリカは世界最大の貿易国であるから、貿易取引の決済通貨もドルがもっとも多いのは当然である。ドル決済が世界貿易決済の半分以上を占めていることこそ、「ドル本位制」の実態を示している。しかし、ユーロに参画した一一カ国のうち、ドイツ、フランス、イタリア、オランダの四カ国通貨の合計だけをみても二四・八％となり、イギリスを含めると三〇・二％で、ヨーロッパ通貨合計ではすでに相当の決済通貨たりえていることが分かる。

国際決済銀行（ＢＩＳ）が三年に一度調査している外国

為替市場での取引通貨状況では、九八年（二重計上のため合計は二〇〇％）は、ドル八七％、ドイツ・マルク三〇％、円二一％であった。円は八九年の二七％から九八年は二一％へ低下している。

ドルが基軸通貨であるのは、アメリカが世界最大の貿易国であるからで、九九年以降は、ユーロ圏が世界最大の貿易主体となるため、ユーロ建ての輸出入取引が増加していくだろう。まず、欧州連合（ＥＵ）の域内貿易依存度は六〇％に達するから、この域内貿易はユーロ取引になる。さらに、他の地域とＥＵとの貿易の大部分はユーロとドルにふり分けられ、ユーロ圏貿易の半分はユーロ建てに移行するとみられる。

アジア通貨はドルにペッグ（固定）されてきたが、九七年のアジア通貨危機の教訓の一つはドル・ペッグ制に問題があったことを意味しており、ドル以外の円やユーロもアジア諸国にとって有力な決済通貨となっていくだろう。

世界の外国為替取引高は一日に一兆一三六〇億ドル（九五年、ＢＩＳ統計）である。取扱高の多さを地域別にみるとＥＵが五〇％で、うちイギリス（ロンドン）が世界最大で三〇％を占めている。次いでアメリカがその半分の一六％、日本は三分の一の一〇％である。外国為替の通貨別取扱高をみると、ドルが四〇％、ＥＵ通貨合計が三五％、円は一〇％である。

ユーロの導入によってユーロ圏内では、国内送金と同じになる。域外（ユーロ圏一一カ国

（単位：%）

	1993年	1994年	1995年	1996年	1997年
アメリカ・ドル	35.9	37.5	39.5	43.0	45.0
日本・円	9.6	13.3	12.6	8.6	4.5
ドイツ・マルク	11.8	7.8	15.5	14.0	16.8
イギリス・ポンド	10.8	8.8	5.9	8.8	8.9
フランス・フラン	8.7	7.0	2.8	6.4	6.4

表8　国際債の建値通貨別発行状況
（出所）OECD "Financial Market Trends, February 1998"

外）の企業との取引でもユーロ建てが増していくだろう。為替差益の喪失とともに、ロンドンを中心とする外国為替取引で手数料を取っていた銀行にとっては、収入が激減することを意味する。

ユーロ建て資産の増加

国内証券・債券発行残高や株価総額では、アメリカの規模は非常に大きい。日本とユーロ圏は株価総額ではほぼ同じだが、証券・債券発行高ではユーロ圏は日本より大きい。世界の国際債がどの通貨で保有されているかについては、一九九七年にはドルが四五・〇%であるのにたいし、ドイツ・マルクは一六・八%である。マルク・ポンド・フランの合計では三二%ほどとなる。ちなみに円は四・五%である（表8）。

民間金融資産については、ドルの四〇%にたいし、ヨーロッパ通貨合計は三七%と、これもほぼ匹敵している。しかもヨーロッパ通貨合計のシェアは上昇してきている。国際債券資産におけるヨーロッパ通貨の重要性が増大してきているのである。

すでに述べたように、巨大な国債市場が形成され、ユーロによる起債が一大潮流となってきている。これまではヨーロッパのドル市場（ユーロダラー）で起債されていたものは、いまやユーロで起債されている。背後の資本市場の規模がドイツ・マルク時代に比べ格段に大きいから、ユーロへの資産配分は確実に重要性を増している。

ユーロ外貨準備保有の増大へ

世界の外貨準備に占める通貨別の比率をみたのが表9である。一九九六年時点ではドルが六三・七%と圧倒的で、ドイツ・マルクは一四・〇%、円は六・二%であった。表にあるヨーロッパ通貨のイギリス、ドイツ、フランス、オランダの四通貨合計は一九・五%となる。国家の運営資金たる外貨準備はやはりドルが圧倒的で、これも「ドル本位制」の一つの側面である。発展途上国はドル・リンクのため六〇%はドルで保有しており、EU通貨での保有は二〇

（単位：%）

	1973年	1979年	1985年	1991年	1996年
アメリカ・ドル	76.1	73.2	64.8	58.4	63.7
日本・円	0.1	3.6	8.0	9.4	6.2
イギリス・ポンド	5.6	1.8	3.0	3.6	3.5
ドイツ・マルク	7.1	12.0	15.1	16.5	14.0
フランス・フラン	1.1	1.3	0.9	2.8	1.6
オランダ・ギルダー	0.5	1.0	1.0	1.1	0.4
スイス・フラン	1.4	2.4	2.3	1.4	0.8
その他	8.1	4.8	4.9	6.9	9.8

表9　世界の外貨準備における通貨別シェア
（出所）IMF年次報告

%未満となっている。

しかし、外貨準備におけるドル偏重は、今後のEUと中東欧やアジアとの貿易拡大、ユーロの地位向上を通じて修正されていくだろう。各国中央銀行もドル準備からユーロ準備へ、貿易取引額などを検討しつつ拡大をはかるだろう。この点で、ユーロのスタート直前に日本に次いで外貨準備の多い中国が、その四〇%をユーロへ転換すると発言したことは、ユーロへの信認を与えるものともなった。

ちなみに、発展途上国債務の通貨別比率をみると、ラテンアメリカではドルが六七%にたいし、円は一一%、ヨーロッパ通貨合計一二%とドルが圧倒的であるが、アジアではドル四六%にたいし円三三%、ヨーロッパ通貨合計一〇%と、円もかなりの役割を果たしている。

ユーロ圏経済の充実度をはかる目安の一つ、株式市場の状況については、いかに急速にヨーロッパ市場が活況を呈しつつあるかを第三章でみてきた。

このように、ユーロ圏一一カ国およびEU一五カ国は、実物経済の規模、資本市場の発達、ファンダメンタルズ（経済基盤）、貿易収支・経常収支の健全性において、十分にアメリカに匹敵しうる状況にある。ユーロは世界の取引決済や金融資産保有において、重要な準備通貨となっていくことはまちがいない。

「ユーロの国際通貨としてのシェアは三五〜四〇%になる」（JPモルガンの発表データ）、

「世界の金融取引においてドルとユーロは四〇%ずつとなる」(バーグステン国際経済研究所所長)、「世界の輸出の三〇%、世界の資産の三分の一がユーロ建てとなる。これは現在の金融資産のドル建て分に相当する」(欧州委員会)等々、国際通貨システムは二極基軸通貨システムへと向かっている。

通貨は言語に似ているといわれる。皆が使っている、昔からやっているという慣性効果(国際社会の受容性)が働き、その使用がもっともコストが安くつき、使い勝手がよい。「ドル本位制」へのプロセスは、英語がいつのまにか国際語となってきたのと同じように、「ドル本位制」の慣性効果が働くので、ユーロがもう一つの基軸通貨となるにはもう少し時間を要するだろう。

目標相場圏構想

現在のドル一極の基軸通貨(それにドイツ・マルクと日本・円のローカル基軸通貨が存在する)体制から、ドルとユーロの二極基軸通貨体制になると、為替相場は安定するのだろうか。ユーロの成功を考えるうえでは対ドル相場の水準よりも、安定性の方が重要である。現代の世界経済における為替の問題は、急激に変動するところにある。徐々に少しずつ変化するのであれば、これは経済調整であって問題は小さいからである。したがって、ユーロは基軸通貨ドルにとっても、世界の為替相場にとっても安定要因とならなければならない。

過去のケースでは、イギリス・ポンドからアメリカ・ドルへ基軸通貨が交代する過程で、しばらく二極基軸通貨体制が続いたことがある。このときは非常に不安定であったとされている。アメリカの国際経済研究所のバーグステン所長のように「ユーロとドルの交換レートは、以前のポンド―ドル間より不安定になる恐れがある」とする人もいる。しかし、過去にポンドとドルの関係が不安定だったから、これからのユーロとドルのケースも不安定といいきるには、あまりに過去と現代の状況が違いすぎる。

大きな違いは、あの当時よりもはるかに金融のグローバル化が進展しており、高利回りではあるがリスクも大きいヘッジファンドなどに投資されたホットマネーが、世界を徘徊していることである。これは不安定要因の拡大である。他方、現代のわれわれは、世界経済にとっての最大の問題が、為替の不安定性であることを十分認識できる時代にいる。そこで、急激な為替の変動を調整するような協調メカニズムが、国際通貨基金（ＩＭＦ）などの国際機関やＧ７（米英仏独伊加日七カ国蔵相会議）などのトップ会議をはじめ、各種の中央銀行間会議、担当者間のホットライン、情報ネットワークなどと多様に存在し、監視・調整機能の役割を果たしている。その点が以前とは大きく異なる。

しかし、現代の国際通貨システムは自由な市場を通じた「システムの民営化」によっているため、ユーロ―ドル間の為替レートがどのように推移してもあえて何もしない（ビナイン・ネグレクト）政策をとることになる。もちろん、水面下では急激な変動が起きないように、たえず協調メカニズムが機能するよう連携しあっている。いうまでもなく、欧州中央銀行（ECB）はこのような事態が起こる場合には、これに介入して売買をおこなう機能を備えている。

そこで、ユーロとドル間を安定化させるための協調システムとして、しばしば議論されているのが「目標相場圏構想」である。一九九九年一月、のちに辞任したドイツのラフォンテーヌ蔵相が、目標相場圏制度の創設を発言しており、宮沢蔵相も「柔軟な管理体制」という言葉でこの構想を支持する発言をしていた。

これはEUの為替相場メカニズム（ERM）のように、ユーロとドル間の相場に特定の中央値を設定し、それにたいし一定の変動幅を設け、その範囲内で相場を安定させようとするものである。そして変動幅を超える投機があれば、相互に協調介入をして幅内にとどめる努力をする。ERMではこの幅が最大一五％であった。当初は二・五％の幅であったため、投機筋のアタックにあい、介入しても買い支えられず失敗に終わったが、その後、幅を一五％に拡大したことが功を奏し、ヨーロッパの為替の安定化に大きな役割を果たしてきた。

しかし、この目標相場圏構想にたいして、ECBは「目標相場圏は明示的にも暗示的にも存在しない」と強く反対している。それはECBの政策目標がマーストリヒト条約により物価安定維持、つまり生活安定維持におかれていることが最大の理由である。目標相場圏を設定すると、あるときには物価よりも為替政策を優先せざるをえない事態も起こりうる。それはマーストリヒト条約違反である。

ＥＣＢが、目標相場圏設定を否定する理由はほかにもある。景気刺激や競争力回復のために通貨引下げを狙って金利を引き下げても、なんら景気刺激にならなかった日本の政策から、安易に通貨政策をおこなってはいけないことを、ＥＣＢは学んでいる。また、こうした目標相場圏を設定すること自体が、投機（アタック）の対象になりやすいことも承知している。そのためには作らない方がいいという主張となる。

目標相場圏構想は、当初は一部で話題となったが、その後は、ユーロ圏内でもほとんど受け入れられていない。じつはロンドン・バイアスの報道のために、日本では異常に大きく報じられている面がある。しかも、「為替は市場においてあまりにも大きく変動することを望まない」、あるいは「極度な変動を避ける」（Ｇ７コミュニケ）といった発言がロンドン経由で解説されると、「目標相場圏構想を示唆」という表現となって日本に伝わるのである。

フランス中央銀行のトルシェ総裁は、「目標相場圏には反対」「フランス政府もこの考え方には賛成していない」「ドイツ政府が確かにこのアイディアを提案していたが、最近はそれを取り消し、いまは支持していない」と九九年四月に語っていた。

現在のような「システムの民営化」の時代には、政府・中央銀行が為替市場に与える影響の程度は限定されている。

これらに依存することなく、為替の安定が持続するためには、第一にファンダメンタルズ（経済基盤）の経済指標をよくすることが前提となる。ユーロ―ドル間の為替水準の安定化のためには、物価上昇率や金利水準において、欧米間での格差が拡大しないようにする必要がある。また、経常収支の不均衡な格差をなくしていくことであろう。現在は、アメリカが巨大な赤字、ユーロ圏が大きく黒字となっており、このように差がありすぎるのも危険である。

第二に各国の政府と中央銀行間のコンセンサスが必要である。

第三には日本、アメリカ、ヨーロッパ間にも、同様のコンセンサスが必要である。そうでなければ対策はとれない。あえて何もしないというビナイン・ネグレクト政策を前提にするとしても、日ごろからの連携ネットワークの形成が重要な意味をもつのである。

2　ユーロと「円の国際化」――アジア通貨危機とユーロ

ドル本位制の〝終焉の始まり〟

一九九七年七月にタイから始まったアジア通貨危機は、またたく間に世界に波及し、世界同時株安、世界同時デフレなど、世界の金融システムのみならず、世界経済全体にはかりしれない影響を与えた。

ユーロが粛々とスケジュールをこなし、発進しようとしているころ、アジア通貨危機が起きた。じつはこの二つのできごとは歴史的には一つの流れを示唆し、つながった事象なのだと私は思っていた。つまり、ドルの一極基軸通貨体制（「ドル本位制」）の限界をあきらかにし、これまでのようなドルのみへの依存から脱却した新しい国際通貨システムの創設、すなわち多極通貨システムの時代の幕開けを示す動きであるかのように思ったのである。

ユーロの導入は新しい「複数」基軸通貨体制の構築へ向かうことを意図している。他方、アジア通貨危機の発生も、結果として基軸通貨ドルに固定（ドル・ペッグ制）していた途上国の通貨システムの失敗を意味するものであり、それにかわる新しい通貨制度をどのように構築するかが問われることになった。

現在は「ドル本位制」のピークにある。そのピークのときに、その継続に水をさす二つのできごとが起きた。これはまさに「ドル本位制」の〝終焉の始まり〟を示すものだと思えたのである。

アジア通貨危機とユーロ

一九九七年七月初めに起こったタイの通貨バーツ急落の影響は、すぐさまフィリピン、マレーシア、インドネシアへ、そして一〇月下旬には香港、一一月には韓国へと波及し、「アジア通貨・金融危機」とよばれる事態となった。とくに一〇月には香港株式市場が大幅下落を引き起こし、これが東京、ロンドン、ニューヨークなど主要市場に波及して世界同時株安の不安を引き起こしかねない状況となり、アジア通貨・金融危機は地域問題から世界問題となった。

アジア通貨危機発生の原因は、第一には、外貨建ての短期民間資金の無秩序な流入と、これを監視できなかった受入れ国側の金融システムにある。第二は、自国通貨をドルにペッグした通貨システム上の問題である。第三には、東アジア諸国のすそ野産業の未成熟、人材不足、インフラストラクチャーの未整備など、経済構造上の問題、の三つがあげられる。

このなかで、第二の通貨システム上の問題とは、東アジア諸国が、自国通貨を実質的にアメリカ・ドルにペッグした固定相場制を採用してきたことである。その結果、外国投資家は為替リスクをほとんど負うことなく、これら東アジアの国々への投資が可能となった。しかも、タイなどの東アジア諸国の金利が高いことに目をつけ、金利の低い先進国が金利差を利用した、さや稼ぎを目的とする取引(これを「裁定取引」という)をおこないはじめた。こうして、実物経済への投資ではない、短期資金が海外から大量に流入した。このことは一時的な好景気を生み出したが、日本のバブル経済崩壊に近い状況が起き、東アジア諸国の経済の破綻を招いたのである。

また、アジア通貨危機は円—ドル相場の乱高下がなければ起きなかっただろうとする意見もある。確かに、ドルにペッグしていたことで、過去五年間に円が一ドル＝八〇〜一四〇円の間で急激に変動した影響をまともにかぶってしまったのである。

金融のグローバル化時代の必要外貨準備高

現代のような「金融のグローバル化」の時代において、「適正な外貨準備」とはどの程度をいうのだろうか。ニクソン・ショック以前のブレトンウッズ体制下では、それは輸入の三カ月分といわれていた。しかし、現代の自由な資金移動を可能とする金融のグローバル化のもとでは、海外からの短期資金流入分、つまり債券や株式市場で外国人がもっている資産の総保有分など、流動的な金融資産額まで考慮に入れた外貨準備が必要ということになる。それは巨額となるため、「適正な外貨準備」の意味などなくなっているのだ。

ドル・ペッグ制のような固定相場制の場合、国内に国際金融市場が形成されると、それがいつ急激に海外へ逃避しても、買い支えられるだけの十分な外貨準備をもつということは、ほとんど不可能である。つまり、国内に国際金融市場を形成した発展途上国はどの国も、「適正な外貨準備」をもてないがゆえに、今後いつでもアタックされる可能性がある。その点でアジア通貨危機は、現在のままではいつでも再発しうるのである。

完全な固定相場制だと金利体系を両国（アメリカと自国）で一致させなければならないとい

う問題があり、小国の場合は金利政策を放棄することになる。その典型が香港のカレンシー・ボード制である。インドネシアで導入が検討されたカレンシー・ボード制も同様に、自国の通貨価値を外国通貨で裏づける必要があるため、巨額な外貨準備なしには非常にむずかしく、結局は導入に失敗している。

新通貨バスケット制

アジア通貨危機における新しい通貨システムへの対応策としては、次のような議論がある。一つは「通貨バスケット（合成通貨）による変動相場制への移行」である。「通貨バスケット制」とは、一つのバスケット（籠）にいろいろなものを盛りこむ意味でこの名があるように、自国の通貨価値を一つの通貨に依存して決めるのではなく、複数の通貨価値のバランスで決めようとする仕組みである。具体的には、主要貿易相手国の貿易比率などで加重（ウエイト）づけした合成通貨に求める方式をいう。

つまり、東アジア各国がドル依存の弊害を避けようとするならば、自国の貿易・資本構造に対応した各国独自の適切な通貨バスケットを導入し（実際の通貨の実需に裏打ちされたものという点では、貿易で加重づけされたバスケットがより適切とされている）、それをインフレ率などに応じた柔軟な小幅調整（クローリング・ペッグ）によって変動させる変動相場制が、現実的な通貨システムとみられる。

通貨バスケットの中身については、タイは通貨危機前もバスケット制を採用していたが、バスケットの中身の比率はドルが八〇～八二%を占め、円とマルクが二〇%程度だったといわれる。今後のバスケット比率としては、たとえば、ドルを四〇%、円・ユーロを四〇%、域内通貨を二〇%ほどとする案や、円との連動性を高めた方がよいとする案としては、円を五〇%、ドルを二〇～三〇%、ユーロその他の通貨を二〇～三〇%とする案、あるいはドルを含まず、円を三分の一程度として、残りをアジア通貨とする案などもある。

アジア域内貿易が大きくなっているため、域内貿易決済の安定のためにも、今後は円をはじめとするアジア域内通貨とのリンクをいかに高めていくかが、東アジア経済のダイナミズムの持続にとって重要な課題である。とくに、東アジア経済と円との関係をみると、東アジア経済は円高時（八六～八八年、九一～九五年）に好調で、円安時（八九～九〇年、九六年以降）に減速するというパターンを示してきた。したがって、いかに円の比率を高めた通貨バスケット制を採用するかが（人民元の比率も重要な意味をもつが）、おおむねの選択肢と思われる。

東アジア共通通貨単位構想

もう一つは、「東アジア共通通貨単位」とでもいうべきものを創設しようという意見がある。

将来のアジア通貨圏の実現に向けて、ＥＵのエキュ（ＥＣＵ）のような共通通貨単位を導入しようという案である。近年、東アジア域内の貿易が急速に増大してきており、すでに日本やオセアニアを含むアジア域内貿易は五〇％を超えており、エキュのように域内貿易を安定させるための共通通貨単位を創設してもよい状況にはあるといえよう。

今後の東アジア経済の回復のためにも、域内貿易のさらなる拡大が非常に重要なものになっており、共通通貨単位の検討は、域内貿易において使用する、より安定した決済通貨の必要性という観点からも、いっそう意味をもってくるだろう。またドルやユーロによる先進国の経済動向や通貨変動からの影響を極力少なくし、安定的かつ自立的な経済運営をおこなううえでも、重要な課題となると思われる。

共通通貨単位圏の形成へ向かって、まず第一段階では、アジア諸国は地域の多様性や各国の産業発展の違いなどをふまえて、国ごとに自国に適切な通貨バスケット制を設け、運営をおこなっていく。第二段階で、各国が適切なマクロ経済政策の実施を通じて、可能なかぎり経済実体の収れんをはかっていく。第三段階で東アジア域内での公式な政策協調システムを作りあげ、通貨バスケット制の共有化をはかっていく。

そして、このような段階を経たうえで、ＥＵのＥＲＭのような為替レートを一定の幅の中で柔軟に変動させる共通の一定相場圏を採用し、政策協調の制度化によってその変動幅の縮小をめざしていく、ということになるだろう。しかし、アジア諸国の経済ファンダメンタルズの格差があまりにも大きいため、短期的にはむずかしい構想ではある。

共通通貨単位は、いわば前述のバスケットを共有することから、その第一歩が始まるであろう。自国通貨のフロート（変動相場制）のためのバスケットから、共通バスケットへ、さらに公的な資金授受の場合の計算単位、そして域内民間商行為の計算単位として育つことが望ましく、このプロセスにおいて、いかに適切な決済システムを作っていくかがキーポイントとなる。

域内貿易決済の拡大

将来の東アジア域内共通通貨単位への一つの歩みとして、東アジア域内各国の通貨による貿易決済を促進していくことも必要であろう。域内貿易比率が上昇すれば、域内通貨による決済の可能性も高まる。これによってドルへの過剰な依存を避けることもできる。すでにフィリピン、マレーシアなどは輸出入の差額だけをドルで決済する制度に着手し、両国はタイとも同様の取決めを結ぶ用意があると伝えられたことがある。

これら域内貿易決済方式は、かつて戦後にヨーロッパで実施されたことがある（EPU、後述）。しかし域内決済のための双務協定は、ベトナム、カンボジア、ラオス、ミャンマーなどのIMF（国際通貨基金）の一四条国（IMF規定の履行を回避できる国）レベルの国であれば可能性はあろうが、すでにＩＭＦの義務履行を受諾して八条国に移行したＡＳＥＡＮ（東南アジア諸国連合）などについては、協定の締結は自由貿易と対立するものとしてむずかしい面がある。

したがって、域内貿易決済方式としては、かつて日本で実施されていた標準決済規則も参考となろう。たとえば域内決済通貨に指定された通貨（指定のさいは相手国との合意があることが望ましい）による決済を標準決済とすると、銀行は自動的に認証書を発行できる。それ以外の通貨による決済は非標準決済として、政府承認事項とする方式である。

またこのほか、二国間で決済通貨、決済レート、対象品目などを規定した協定を締結すること、新たに決済機関を設立して、貿易取引の差額決済を集中化させる方式も提案されている。ヨーロッパ通貨を中心に、民間金融機関が出資して作りあげた、決済機構であるＥＣＨＯのような機構（「アジア通貨集中決済機構」）の設立構想である。

ＡＳＥＡＮ域内か東アジア域内の通貨を決済通貨とするには、結局、域内諸国がまず財政と金融政策を一致させていくこと、経済政策・貿易政策などの議論を高めていくことがその枠組み作りとして重要である。また、何はともあれ、域内の各国通貨の信頼性の確立が前提であり、これらの通貨の使い勝手がよくなり、企業によって自主的にそれが使われていくようになる状況作りが必要となる。

こうした域内決済システムにおいて、円が中心的役割を果たすことはいうまでもない。日本の経済力、アジアの域内貿易に占める日本の大きさ、アジアへの日本の莫大な援助などをみると、円がもっとももその役割を果たすべきポジションにいることは確かである。

海外短期資本移動の監視と管理――ユーロ決済システム「ターゲット」

一九九七年のアジア危機と同じようなことは、金融のグローバル化時代のもとでは、いつでも起きうる可能性がある。再発防止のためにも、各国が健全な経済運営をおこなうことが必須である。同時にヘッジファンドに代表される、短期の利益を求めて移動する、浮動的な海外短期資金移動にたいし、資金の出し手側（先進国）と受け手側（途上国）の双方で、何らかの監視・規制システムの導入が必要であるという認識が生まれ、さまざまな議論がなされている。

資金の出し手側の規制案については、IMF（国際通貨基金）やサミット（先進国首脳会議）、主要国の蔵相会議などの場で、資本移動の国際的な監視体制、情報開示システム、ヘッジファンドにたいする監視強化体制の構築などが議論されている。

途上国における管理のあり方についても、種々のシステムが途上国側で採用されつつある。その一つがRTGS（リアルタイム・グロス・セツルメント＝即時グロス決済）システムを活用した監視システムである。これはユーロ導入にともない、ユーロ圏が採用した「ターゲット」という決済システムとも関連がある。

ユーロ導入にともない、ユーロ圏内のクロスボーダー（国境を越えた）決済システムとして、銀行間決済システムである「汎欧州即時グロス決済」（TARGET＝ターゲット）とよばれるシステムが導入された。ユーロ圏の決済システムはこれ以外にも各種あるが、このターゲットは大口決済に使われ、小口決済には、じゅうらいからの決済システムが使われている。

ターゲットは、金融機関の受払いを一定の時点でまとめて（ネット）処理する「時点決済」とは異なり、受払いを一件（グロス）ごとに、即時（リアルタイム）に処理するものである。これは、現在国際的に普及しつつあるRTGSシステムである。つまり、ユーロ圏各国のRTGSシステムの集合体がターゲット・シテスムとなっている。

このシステムの決済は次のような流れでおこなわれる。A国の金融機関（銀行）がB国の金融機関（銀行）に支払いをおこなう場合、まず自国の中央銀行にRTGSシステムを通じて支払いを指図する。中央銀行はこの銀行の預託資金の状況をチェックしたうえ、支払い先のB国の中央銀行の口座に振りこむ。B国中銀は受け取った支払い通知に基づき、B国の金融機関の口座にRTGSを通じて送金する。

この方法では一件一件の取引が即時に決済されるため、金融機関にとって決済リスクが生じない。銀行間取引をネット（毎日深夜零時などの一定時点での相殺決済）でおこなっていると、その間に起きたある銀行の破綻が、ほかの銀行に連鎖的破綻をもたらすなど、決済システム全体が機能麻痺に陥る危険（システミック・リスク）がある。しかし、このＲＴＧＳをベースとするターゲットによれば、国境を越えた振替決済が円滑、安全、低コストで、かつ迅速（三〇分以内という）におこなわれるため、こうしたリスクを回避するための重要な役割を担うことにもなる。

また、ターゲット・システムによって、ユーロ圏内の金融市場の統合が促進され、資金移動のすべての情報が中央銀行に集約されるため、ＥＣＢにとっては、単一金融政策を効率的にするうえで、欠かせないインフラストラクチャーとなっている。

こうしたＲＴＧＳシステムは、現在しだいに多くの国で採用されつつある。とくにアジア通貨危機のときの海外短期資金の急激な流出入の反省をふまえ、香港、シンガポール、韓国などでも、近年採用導入されている。

このシステムを使って中央銀行は、国際的な短期資金移動を監視することが可能となる。ホットマネーの異常な流入があれば、それをチェックし、さらに急激な流入が続けば、海外からの流入短期資金にたいし、無利子の預託金を取る制度（これを「チリ・モデル」という）の導入などによって、アジア通貨危機を起こした、国際的な短期資本の移動を監視・管理しようとするシステムの採用も検討されている。韓国などはＲＴＧＳを使った監視システムを構築したうえに、チリ・モデルの改良型として、流入状況に応じて預託率を変動させる、無利子預託金制度の導入をはかっている。

3　円の国際化——第三の基軸通貨として

円の国際化への期待

ドルへの過度な依存を今後どう避けていくかが、アジア通貨危機の教訓である。それには日本の経済力からみても、円が中心的な役割を果たしていく必要がある。円はアジア諸国の通貨において唯一のハードカレンシー（他通貨と自由に交換できる通貨）である。また実体経済における日本とアジア諸国とのつながりも、とくに貿易・投資面において強い。通貨危機後はアジア諸国も域内における「円の国際化」を期待している。

ユーロとドルの二極基軸通貨体制となった場合、二極間では通貨の安定をめざした調整システムが創設され、機能する可能性があろうが、逆にそれ以外の非基軸通貨国通貨はいっそう不安定となる恐れがある。なぜなら、金融のグローバル化のもとでは、世界にはヘッジファンドのようなホットマネーが存在し、世界を駆けめぐっている。ときには実体経済部門における生産などの努力とは関係なく、このような投機資金のアタックを受ける可能性はますます高くなる。このままでは、アジア通貨危機は何度でも起こりうるのである。

そこで、第三極の基軸通貨圏としての東アジア通貨圏の形成は、日本を含め、これらの国々の為替安定のためにも重要な課題となる。それには何よりも円の国際化を実現し、円が重要な役割を果たすことが期待される。円の国際化へ向けては、何はともあれ、世界の人々、とくにアジアの国々や企業に円を保有してもらい、円で決済してもらうようにしなければならない。

円の国際化の現状

円は日本の実体経済の実力からみて、ドイツ・マルクに比べても、国際化が非常に遅れている。日本の輸出における円建て決済比率はほぼ三五〜四〇％で、ドル建てが五〇％強と多い。輸入の円建て比率は二〇％程度で、ドル建てが七〇％強と圧倒的である。日本の輸入は一次産品（国際市況商品）の比率が高いことが、ドル建て決済比率の高い理由とされている。

日本と東南アジアの貿易は深い関係にあるが、日本の対東南アジア貿易の円建て比率は輸出が四五・五％、輸入が二三・三％と、全体より若干高い程度にとどまっている。世界の貿易に占める日本のプレゼンスに比べ、円取引のシェアは低い。これにたいし、ドイツの対米輸出におけるマルク建て比率は六〇％強で、日本の一五％に比べてはるかに高い。

円の国際化が進んでいない理由は、円の国際通貨としての利便性がドル、ユーロに比べて低く、決済通貨としても使いにくい状況にあるからである。国際通貨の利便性とは「価値が安定しており、交換、調達、運用の面での使い勝手がよいこと」と定義される。安定性の面では、円は市場の懐が浅く、ドルにたいする為替レートの変動率が非常に大きい。

そこで政府がおこなうべき政策は、円の利便性を高め、使い勝手をいかによくするかということに尽きる。そもそも決済通貨は企業が自社のリスクに応じて自由に設定すべきものであって、政府が強制できる時代ではない。そんなことをすれば、貿易歪曲効果を起こし、域内貿易を減少させ、自国経済のグローバル化をかえってさまたげることになり、経済発展を頓挫《とんざ》させかねないことになる。

日本の多国籍企業は、すでに現状のような円の国際化が不十分な状況の中で、ドルを中心とした親会社での一括管理システムを構築している。また、消費財については相手国での販売価格の安定を前提に、相手国通貨建てで輸出する方法をとっている企業もある。このように、企業の決済通貨の決定は、そのときのベストなリスク管理に基づいているのである。

円の国際化の方途

円の国際化とは、東南アジアの国々にある観光客用小売店やレストランで、円が使えるようになるということではない。アジアの企業が円を使って決済し、円建て預金や資産をもつということである。つまり、円の価値が国際的に信認され、円を保有する人が増えることである。円の使い勝手をよくするためにはどのような政策措置があるのか。

現在の国際金融の「最後の貸し手」はドル通貨となっている。この結果、たとえば、円借款を供与しても、その円のドル転換需要がドル高要因となりうる。円の国際化を通じ、円も最後の貸し手となれば、日本の円借款による供与がドル高要因となることもない。さらに、円が国際化されていれば、一九九七年のアジア通貨危機のようなときにも、いっそう敏速かつ強力な支援が可能となり、国際的にも、もっと重要な役割と機能を果たしえたであろう。

円の国際化の推進のためには、東京の国際金融センターが十分整備されることが必要である。通貨・金融面における規制緩和、税制上の問題（源泉徴収制度の存在、取引所税等）、電子媒体を用いた非現物化の遅れ（日本ではコマーシャル・ペーパーは現物主義をとっていて、電子取引の対象になりえない状況にある）、RTGS（即時グロス決済化）の導入の遅れ、などが指摘されている。

さらに、アジア通貨・金融危機との関連においては、第一に、円建て決済の促進がある。円の国際流通を増大させるには、貿易決済の円建て化を促進していくことが一つの方法である。日本はアジア地域との貿易取引が多いが、これらの国々の決済通貨もドルが中心で、アジアの八〇％以上の決済がドルでおこなわれ、円とユーロはそれぞれ一〇％程度である。現在では東アジア諸国の最大の貿易相手国は、アメリカではなく、日本となっているため、日本が円建て輸入を増大させれば、東アジア諸国は円建ての借入を増やしても返済資金のめどがつくことになる。

タイでは通貨危機を契機に円建て決済の希望が出ている。また、日本政府の緊急資金援助を円建てでおこなうことや、日本の銀行が円建て融資を増大させていくことである。日本の銀行による対東アジア短期債権借換え（ロールオーバー）のさいに、円以外の外貨借入については、円建てに転換していくべしとの案も東アジア諸国から出されている。

第二は円による国際金融商品の開発である。世界の人々が円建てで保有してくれるような魅力ある金融商品の開発ができれば、円による資産保有が、日本以外の国でも大量におこなわれるようになるとともに、リスクカバー、リスクヘッジの方法も多岐にわたるようになる。健全かつ有利性・利便性をもつ円建て資産、金融商品の創出が、円建て取引拡大、円建て外貨準備増大をもたらし、国際化にもつながっていく。

第三は東京国際商品市場の取引対象品目の拡大である。国際商品の円建て化促進のために、東京国際商品市場の国際化をいっそう推進する必要がある。日本は資源輸入国であるため、国際商品市場にたいする大きな実需があり、輸入国である東京に国際市場を設置する意義は大いにある。現在、金のほかに、アルミ、プラチナ、パラジウムについては開設ずみであるが、それ以外にも、石油、ガソリン、銅、穀物などを取り扱うことによって、国際化が進み、円建て取引にいっそう弾みをつけることができる。

第四は円建てＢＡ（バンカーズ・アクセプタンス＝銀行引受貿易手形）市場の創設である。東アジア各国間の貿易金融を円滑に進めるために、円建てによる、短期の銀行引受手形を流通させるのがよい。そのためには、日本のＢＡ市場を活性化させる必要がある。これは日本の中小企業のみならず、とくにアジアの企業にたいし、円建ての短期金融市場を提供しようとするものである。

ＢＡ市場の活性化には、日銀がＢＡにたいしエリジビリティ（適格性）を与え、ＢＡを金融政策上（オペ対象）の適格な手形として認証するとともに、再割引に応じるようにすることである。つまり、円建てＢＡにたいする優遇再割引制度の導入である。これによって円建てＢＡ手形を引き受ける日本の銀行にとっては、日銀が最終リスクをとってくれることとなり、金利リスク、流動性リスクの回避が可能となることから、引き受けやすくなる。

イギリスとアメリカが資本輸出国であった時代に、ロンドンとニューヨークは、ＢＡ市場を発達させ、世界に貿易金融手段を提供していた。戦後の世界貿易取引におけるドル建て化の促進に、ＢＡによる投資が大いに貢献したことは知られている。また、日本の企業や銀行に国際的信用のない時代、ロンドン、ニューヨークの銀行が手形を割り引いてくれたことで、日本企業の輸出が可能となったという、途上国にとってはきわめて重要な役割を果たした。これが戦後の日本企業にとって、貿易を促進する重要な手段となった。いまや経済・金融大国となった日本も、こうした先進国としての役割を本格的に果たすべき時代がきているということである。

もちろん、CP（コマーシャル・ペーパー＝企業が発行する無担保の約束手形）やTB（短期国債）やFB（政府短期国債）など、短期金融市場の整備も必要である。FBはこれまでは大半を日銀が引き受けていたが、政府は一九九八年末に、公募入札することで短期市場の育成をはかる措置を導入した。さらに、アジアの株式市場の育成を円圏形成の一環として支援していくことなども重要である。

銀行に関してもう一ついうならば、東アジア企業と市場の活性化にあたっては、アジアに進出した日系銀行による、現地企業の信用情報の収集・分析・審査能力の強化が根本的に問われている。アジアの企業に円建ての信用状（LC）をもってもらうには、自らが現地企業の審査能力を強化し、自らのリスクで信用状を発給する業務をおこなっていく必要があるからである。しかし、いまのところ日本の銀行にはそうした能力も意欲もなさそうである。

かつての円の国際化議論には、ナショナリズム的なうさん臭さがあったが、いまや東アジアの発展途上国の経済発展のためにも、必須のこととなっている。しかし、日本政府はまだ本格的な取組みをみせていない。銀行も、魅力ある円建ての国際商品の開発を十分にはおこなっていない。欧米の外資系銀行との連携に頼って、やっと取り組んでいるのが現状である。

さらに第五のポイントとして、欧州決済同盟（ＥＰＵ）のケースが参考になろう。東アジアの貿易取引は円が保証するという、かつてアメリカが戦後のヨーロッパの復興のために、五八年までおこなっていた、ＥＰＵのような域内貿易（通貨）決済方式の導入を、検討する必要もあるだろう。

ヨーロッパも当時、対外決済通貨が不足していた。そこで貿易収支を決済するための多角的決済機構としてＥＰＵが設立された。アメリカは貿易収支決済のために、対ヨーロッパ援助計画であるマーシャル・プランを通じてドルを提供、それによりヨーロッパは通貨の交換性を急速に回復した。その結果、貿易は自然とドル建てでおこなわれるようになり、ドルの基軸通貨化がヨーロッパで定着していったのである。こうしたヨーロッパのモデルのアジア版も検討してみるべきだろう。

4　地域通貨同盟の時代へ

二極基軸通貨体制の安定性

ユーロの発足が、国際通貨システムに与える影響については、まだ十分あきらかではないが、ドルの独占的役割が終了し、世界の金融システム史上初めて、ドルとユーロの「二極基軸通貨体制」の時代を迎えることになる。

くり返しになるが、現在の国際通貨システムは、一兆ドルもの対外債務を抱える、アメリカのドルに依存しているシステムである。この対外債務分がドルで保有されているため、「ドル本位制」たりえているということもできるが、別の意味では非常にリスクを抱えたシステムでもある。そこでドルの一極基軸通貨体制のリスクを緩和するためにも、ユーロの発足は大きな意義があるといえる。

もちろん、ユーロの基軸通貨化にはマイナス面もある。東アジア諸国は、アメリカと日本経済の影響を強く受けてきたが、今後はEU諸国の経済動向にも、影響を受けることになるからである。ましてユーロとドルの二極間が安定するかどうかは、まだわからないのである。

ユーロとドルの二極基軸通貨体制は安定するのだろうか。

アメリカとユーロ圏が巨大な金融資本市場を形成しているため、世界のホットマネーといえども、たやすくアタックして為替のさや稼ぎに勝利することはむずかしい。したがって、ほかの通貨間に比べると安定性が高いと思われる。

また、この二極間では過去の歴史をふまえ、両通貨の安定化のための、緊密な「調整の仕組み」を作りあげるだろう。それによって、比較的安定した通貨関係が構築されると期待できる。

企業もユーロとドルの両通貨でヘッジすることによって、経営の安定性が高まることになる。以前とは違い、通貨問題の重要性とやっかいさを経験的に熟知しているため、しだいに安定した方向へ調整機能がはたらいていくと考えられる。

すでに書いたように、現在の国際金融システムは、自由な市場を通じて機能している民営化システムである。したがって、ユーロとドル間の為替相場は、建前上はあえて介入しないビナイン・ネグレクト政策のもとにある。しかし、その裏側には緊密な連絡と連携システムが構築され、必要に応じて市場介入するシステムができあがっていく。ニクソン・ショック以後の国際的な通貨・金融システムが協調体制の構築に努力してきた歴史と、人の移動と通信システムの発達が、安定した関係の持続をいっそう可能にしている。

「ユーロは、経済政策調整の効率を高めるため、為替レートのさらなる安定に貢献する」という人もいる。調整によって獲得できる潜在的利益が大きいため、釣合のとれたレートが維持されるよう、努力することになる。これによっても、為替相場が比較的安定したバランスのとれたものになる可能性は、他通貨に比べてはるかに大きいと思われる。

この点でユーロ導入は、ブレトンウッズ体制崩壊後にもたらされた、新しい国際通貨システムへの一つの解答なのではないかと思う。

しかし他方、前述のように、二極基軸通貨体制となることは、他通貨（周辺国通貨）が投機対象になりやすく、非基軸通貨はいっそう不安定に翻弄される恐れが高まる。それは、一九九七年のアジア通貨危機にみられたように、金融のグローバル化時代におけるエマージング・マーケットでの新しい通貨危機時代の到来である。現在は巨大な経済力をもつ円も、国際化に失敗すれば、ローカルな周辺国通貨の一つになりかねない。

逆にいえば、アジア地域の通貨の安定化のためにも、多極的通貨システムの担い手として、円の果たすべき役割があるということであり、第三極を創る必要があるということである。

通貨とナショナリズム

ユーロの発足は、われわれに新しい時代について問いかけている。

一つは、通貨とナショナリズムが切り離される時代に入ったということである。これまで通貨とはその国の文化の象徴であり、国家の象徴でもあった。ユーロの導入にたいしヨーロッパでもこの点での反対があった。その点で、オランダのベアトリクス女王が、自分の肖像がオランダの通貨からなくなってもいいのだと、最初に発言をした意味は大きかった。ドイツもマルクを消滅させ、フランスもフランを消滅させた。その動機は平和と経済的競争力の強化である。ユーロ以後、通貨を論じるときに、ナショナリズムと一体化させた議論は、説得力をまったくもたない時代に入ったのである。

もう一つは、ユーロの成功は、貿易や経済関係の緊密化した国々が、別々の通貨をもつことによって為替のリスクとコストを負担し続けるよりも、単一通貨を作ることによって、それらから解放され、さらに共通のより巨大な金融資本市場を形成することによる、大きな経済的メリットに気づかされたということである。

そして第三には、経済通貨同盟（EMU）ができ、ユーロとドルの二極基軸通貨体制の時代に入るということは、一方では、世界の通貨がこの二極へ、収れんされていく可能性がある時代となったということである。一定の経済条件を達成した周辺国の中から、たび重なる為替投機の変動に疲れ、この二極のどちらかの通貨圏に参加して、為替安定圏に入るという、大きなメリットを得ようとする国があらわれてくると予想されるからである。

EUは現在、ポーランド、ハンガリー、チェコ、スロベニア、エストニア、キプロスの六カ国と加盟交渉中である。さらに一九九九年一〇月に、第二陣としてスロバキア、ルーマニア、ブルガリア、ラトビア、リトアニア、マルタの六カ国、一二月にはトルコも将来の加盟候補国として決定し、これら一三カ国が加盟交渉国となった（ただし、トルコについては、クルド人の人権問題の改善や、ギリシャとの領土問題の解決のメドがたたないかぎり、加盟交渉は開始しないという厳しい条件つきとなっている）。二〇一〇年までには、これらの一部あるいは全部の国の加盟が実現するだろう。

ＥＵに第一陣の六カ国が加盟して、二一カ国に拡大した場合でも、人口は約四億四〇〇〇万人、国内総生産（ＧＤＰ）は約六兆五〇〇〇億ユーロとなり、人口はアメリカをかなり上回り、ＧＤＰはアメリカに匹敵するようになる。第二陣が加われば、すべてにおいてアメリカを上回ることになる。

多くの加盟国が自国通貨をしだいにユーロに転換していくだろう。すでにこれら中東欧諸国は自国通貨をユーロにリンクさせている。ハンガリーはドルとマルクの通貨バスケットに連動してきたが、二〇〇〇年一月からは、ユーロだけに連動させた。ポーランドは二〇〇一年にユーロ連動への移行を検討している。スロベニアも二〇〇二年までに、ユーロに連動する計画である。チェコ、ブルガリア、スロバキア、クロアチアはマルク連動制をとってきたので、実質的にはすでにユーロ圏になっている。

さらに、中西部アフリカ一四カ国からなるＣＦＡフラン圏は、じゅうらいはフランス・フランに連結されていたが、フランスのユーロ参加により、一ユーロ＝六五五・九五七ＣＦＡフランのレートでユーロと連結されている。これによってユーロを導入したヨーロッパ諸国との為替リスクは、なくなることになる。同時にこれらアフリカ諸国との通貨関係は、ドイツ、イタリアなどもフランスと同じ条件となる。

何度もいうように、今後もアジア通貨危機のような事態が起こる可能性は大きい。いくら自国経済を健全に運営しても、ホットマネーは自分の利益のために利ざやを稼ぐ生き物なので、勝てると思う相手には、いつでもアタックの可能性はありうる。そこで自国通貨を完全に安定させたいと思えば、より安定的な通貨、つまりドルかユーロ通貨に自国通貨を変えてしまえばいいわけである。タイも、バーツを捨ててドルに転換していたならば、あのような通貨危機は起こらずにすんだはずである。

こうした動きはすでにアルゼンチンで提案されている。九九年初めにアルゼンチンのメネム大統領（当時）は「アルゼンチンの国内通貨ペソを、アメリカ・ドルにかえることを検討している」と発表したのである。このように自国通貨をドルにしてしまおうとすることを「ドル化（ドライゼーション）」という。現在のアルゼンチンの通貨制度は、八九年にドルにたいしペソとともに均等（一対一）な法定通貨の地位を与える兌換法《だかんほう》を導入したことから始まった。ペソ貨幣はドルの保有高に準じて印刷されており、ドルはペソとともに契約、貸付け、借入れの法定通貨となっている。そして、ドルはタクシー、レストラン、店舗などどこでもペソと等価として使用され、国民生活の中に定着している。

この兌換法は、同国の年間数千％におよぶハイパー（超）インフレを抑制することを目的に導入され、インフレの抑制にみごとに成功している。そして、今回もう一歩推し進めて、国内通貨もすべてドルにしてしまってはどうかというわけである。

このアルゼンチン政府が検討中の政策は、現実的にはしばらく実行はむずかしいと思われる。アメリカ政府や連邦準備制度理事会（ＦＲＢ）はこれにたいし公式な発言はしていないが、非公式には否定的な見解をみせているようである。九九年四月、アメリカ議会の小委員会で本問題の公聴会も開催された。

しかし、このアルゼンチンの発案は、本質的には重要な意味がある。ユーロが誕生し、成功するという体験を通して、各国通貨はドル圏、もしくはユーロ圏へ、しだいに参加していくという、新しい時代の到来を予見させる。

地域通貨同盟の時代

ＥＭＵ、すなわちユーロの成功は、二一世紀に世界の通貨システムに新しい時代をもたらすだろう。地域的な通貨同盟の時代の到来である。

アメリカ、カナダ、メキシコによる「北米自由貿易協定（ＮＡＦＴＡ）」は、近い将来「北米通貨同盟（ＮＡＭＵ＝ノース・アメリカ・マネタリー・ユニオン）」へと発展していく可能性もある。すくなくとも、アルゼンチンのドル化よりも、カナダのドル化の方が早いのではないかと思われる。このことへのカナダの姿勢が強まれば、当然メキシコを巻きこんだ「北米通貨同盟」となっていくだろう。

他方、中南米最大の地域経済協定となっている「メルコスール」（ブラジル、アルゼンチン、パラグアイ、ウルグアイ）にも、共通通貨同盟構想がある。現時点ではまだまったく検討段階にはないが、アルゼンチンのメネム大統領がドル化構想を発言したとき、ブラジル政府は、それはメルコスールのなかで検討していくべきだと述べ、間接的な反対姿勢を示した。

また中東の六カ国がめざしている経済統合（湾岸協力会議＝GCC）でも、単一通貨の導入をめざしており、「すでに六カ国の中銀総裁は通貨統合に備えて、外為レートの安定化策を実施中」（サウジアラビア通貨庁のハマド・アル・サイヤリ総裁）と報じられている。

こうした動きは、当然ながらアメリカ主導の「米州自由貿易圏（FTAA）」構想の将来が、南北アメリカの貿易や投資の自由化の実現だけでなく、通貨の安定をもはかっていく、つまり「米州通貨同盟（MUA＝マネタリー・ユニオン・オブ・アメリカ）」構想へとつながっていくことになろう。

もちろん通貨同盟（単一通貨）への参加には、ある程度の経済の同質性（収れん）が必要である。欧州中央銀行（ECB）によるユーロ圏経済の運営についてさえ、そうした点が大きな課題となっていることはすでに述べた。したがって、先進国と開発途上国を包含した通貨同盟にはむずかしさがある。

九〇年代にグローバリゼーションの進展を背景に、NAFTA、アジア太平洋経済協力会議

（ＡＰＥＣ）をはじめ、世界中でじつに多くの地域経済協定が発足した。これらは自由な貿易・投資を促進する機構として成果を上げてきた。これらは、いまや世界貿易機構（ＷＴＯ）の自由な貿易・投資を促進・補強するものとして位置づけられている。

そして、二一世紀には、さらにユーロの成功が確固たるものとなり、信認されていくにしたがい、国際的に通貨数を減らしていく地域通貨協定（同盟）が議論され、形成されていくことになろう。欧米ではすでにそうした議論がしだいに登場しつつあり、日本やアジアをも巻きこんでいくことになろう。これが、ユーロ・ビッグバンによる、二一世紀へ向けた最大のインパクトといわれるものになるのではないかと思われる。

円が消滅する日

では、円のゆくえはどうか。短期的な利益を求めて、世界を徘徊するヘッジファンドなどのホットマネー、つまり海外短期資金は、われわれの老後の年金資金の運用のためにも、ますます増大していくだろう。つまり、金融のグローバル化はいっそう進展していく。したがって、考えられるシナリオは、ユーロとドルの基軸通貨間は比較的安定しても、非基軸通貨国通貨は、以前にもましてアタックされる可能性が大きくなることである。

かりに円が国際化に失敗すれば、非基軸通貨国の一つとしてアタックの対象となり、いっそう不安定になる可能性から脱しきれなくなるだろう。

そこで頭の体操として想定できる未来のシナリオの一つとして、円が国際化に失敗した場合について述べておこう。たとえば二〇二〇〜三〇年ごろ、アメリカもベビーブーマーの高齢化にともなう社会保障基金の枯渇から、国家財政は一九八〇年代のレベルどころではなく、本格的に破綻に直面しているかもしれない。そして、ドル・パニックの状況が起こり、基軸通貨がドルからユーロへシフトする傾向が顕著になる。そうなったとき、アメリカはドル圏の防衛のために、円のドル圏への参加を呼びかけてくるかもしれない。日本も円の国際化に失敗しているから、産業界は経営安定化のために円離れを起こしており、ドル圏への参加を求める声が強くなり、円がドルにかわることに抵抗しない。

かくして円はドルにかわり、円が消滅する、というシナリオも、視野に入りうる時代になったことを、ユーロの発足は意味しているのである。

つまり、ユーロ後の世界の通貨は、一つは地域的な通貨同盟の形成によって、通貨数を減らしてより安定を求める方向と、ユーロとドルの二つの基軸通貨圏に、直接的に収れんされていく方向とがあると想定できる。

さらに頭の体操となるが、長期的にはたとえば、カナダやアルゼンチンがドル化して「北米通貨同盟」となり、「メルコスール通貨同盟」となり、さらに「米州通貨同盟」へと統合されていく。ユーロ圏はＥＵ一五カ国から、新規加盟交渉国一三カ国やアフリカ諸国などを加えて拡大していく。アジアの国々も、円圏か中国元圏の形成を通じた第三極が作られなければ、いずれユーロ圏かドル圏へ吸収されていくだろうと想定してみる。

こうして世界はユーロ圏とドル圏にしだいに収れんしていき、やがて二一世紀のあるとき、ドルとユーロの合体構想が具体化し、「世界通貨」(この通貨を〝アース〟とでも呼んでおこう)を誕生させることになる。こうした長期的にはクーパーのいう「世界単一通貨制」へ向かうとする考え方は、いまや荒唐無稽ではなく、ユーロの誕生によって、一つのシナリオとして描かれうる時代を迎えたのである。

私は、必ずこうなると主張しているわけではないが、ユーロの発足が、頭の体操としてこうした想定をも視野に入れた時代を、もたらしたということをいいたいのである。これこそ、ユーロという「通貨同盟」の発足を、歴史がいままさに経験していることの意味であり、それが「二極基軸通貨体制」時代の意味であり、また円の国際化の重要性の意味でもある。

第五章　雇用問題としてのヨーロッパ

——ヨーロッパ経済の再生へ向けて

1　構造化する失業

ユーロ導入は、ヨーロッパの雇用問題の重大さをいっそうきわだたせることになった。労働市場のゆくえがユーロの可否を決める重要な要因となった。もしヨーロッパの高い失業率が解決されれば、われわれのヨーロッパをみる目は大きく変わり、ユーロの成功とともに「ヨーロッパ経済の再生」を確信するだろう。逆に失業問題が解決されなければ、ユーロが信認されることはむずかしくなるだろう。ユーロの未来を知るには、ヨーロッパの雇用問題のゆくえをみる必要がある。だから、本書でふれないわけにはいかない。

一九九九年にユーロが下落し続けたのは、高失業率などの構造問題に、各国の政策当局が十分取り組んでいないからだと受け取られてきた部分もある。雇用問題にたいし、構造問題として正面から取り組まねばならないという認識と気運は欧州連合（ＥＵ）各国に定着してきており、各国もそれなりに対応しようとしてきた。しかし、構造的失業への取組みは政治問題であり、強い抵抗にあってきたのもまた事実である。

高い失業率の定着

一九八〇年代末から下落傾向にあったヨーロッパの景気は、九一年の湾岸戦争以降、本格的な不況に陥った。九三年には、石油ショック以来初めてのマイナス成長となった。これとともに失業者も急増しはじめた。これは景気後退という要因ばかりでなく、九〇年代の大競争時代に対応するためにおこなわれた、第三章で述べた企業リストラと規制緩和・民営化によってもたらされたものでもある。

EU全体の失業率は六四〜七三年の一〇年間の平均は二・四%と低かったが、七四〜八五年には六・四%に増え、八六〜九〇年は八・九%へと増大した。市場統合が開始された九三年以降も失業率はさらに上昇し、九〇〜九五年は一〇%台へと上昇した。

九〇年代末は全体的に改善の傾向にはあるものの、九八年のEUの平均失業率は一〇・〇%といぜん高く、一六五〇万人が失業している。九九年には九・二%、二〇〇〇年には八・六%へと低下していく見通しとはなっているが、欧州中央銀行（ECB）は九九年六月の月報で、二〇〇〇年末までに一〇%を切ることは困難かもしれないと指摘している。

国別にみると、ドイツの失業率は九八年の九・四%から九九年は九・〇%とやや改善されているが、失業者数は四〇〇万人もいる。フランスはさらに悪く九九年は一一・一%、イタリアは一一・七%である。スペインは一五・七%と大きい。八〇年代に比べ、九〇年代後半の失業率が減っているのはオランダ、イギリス、デンマーク、アイルランドのみである。これにたい

（単位：%）

	1986～90年	1991～95年	1998年	1999年
ベルギー	8.7	8.5	8.8	8.6
デンマーク	6.4	8.6	5.1	4.3
ドイツ	5.9	7.3	9.4	9.0
ギリシャ	6.6	8.3	9.8	9.4
スペイン	18.9	20.9	18.7	15.7
フランス	9.7	11.1	11.7	11.1
アイルランド	15.5	14.5	7.8	6.4
イタリア	9.5	10.1	11.9	11.7
ルクセンブルク	2.1	2.5	2.8	2.5
オランダ	7.4	6.4	4.0	3.0
オーストリア	3.4	3.7	4.7	4.2
ポルトガル	6.1	5.6	5.1	4.6
フィンランド	4.1	13.3	11.4	10.4
スウェーデン	2.0	7.2	8.3	7.3
イギリス	9.0	9.5	6.3	6.0
EU15カ国	8.9	10.0	9.9	9.2

表10　EU15カ国の失業率
（注）1999年は予測。
（出所）欧州委員会

し、アメリカの九〇年代後半の失業率は歴史的な改善をみせた。その一方、日本は過去にない高さとなっており、さらに今後いっそう増加する傾向にある。

失業創出の背景

一九九〇年代にヨーロッパで失業者が増加した要因としては、次の三点があげられる。

第一は景気後退である。八〇年代後半のヨーロッパの平均経済成長率は三・三%（アメリカは二・八%、日本は四・六%）だったが、九〇年代前半には一・五%へと低下した（アメリカ二・〇%、日本一・四%)。このころのヨーロッパの景気低迷と失業率の増加は、九三年一一月に発効した、マーストリヒト条約の収れん基準を達成するためにおこなわれた、財政緊縮政策が原因だとする見解もある。これを「マーストリヒト不況論」という。

しかし、九七年後半から、ドルにたいして、マルクが低下した効果が出て、輸出主導の成長をみせ、九七年は二・六%へと回復した。九八年にはヨーロッパ経済は景気上昇サイクルに入り、輸出主導型から内需主導型の国内消費と設備投資に牽引された成長に転じ、雇用増加が期待されていた。しかし、経済は好調だったものの、雇用はほとんど増加しなかった(図4)。

第二は、第三章でもふれた企業リストラとM&A(合併・買収)である。厳しいリストラが雇用調整(首切り)をもたらし、また激しいM&Aにより、合併・吸収した企業の合理化がおこなわれ、失業者を作り出した。たとえば九七年一二月におこなわれたスイスのスイス・ユニオン銀行(UBS)とスイス銀行(SBC)の合併では、両社合計で五万六〇〇〇人の従業員のうち、一万三〇〇〇人の人員が削減された。

本来、ヨーロッパの労働者保護行政は、企業が首切りなどの合理化策を、簡単にはとれないように規制している。ただし、例外として、事業の合併などによる調整の場合にはかなりの雇用削減が可能である。このためヨーロッパにおけるM&Aは、雇用調整のための方便としてもおこなわれている節もある。

第三は規制緩和と民営化である。国営から民営化に移された事業体は競争力強化のため、まず事業体のリストラ、とくに雇用削減から始めるからである。

構造問題としての失業

一九六〇年代以降、ヨーロッパもアメリカも国内総生産（GDP）成長率では、ほぼ同程度の成長を達成してきた。しかし、九〇年代になると、アメリカの経済成長率が平均三・〇％の伸びにたいし、EUはアメリカの半分の一・六％、日本はその半分の〇・八％程度となった。

しかも、図4のドイツのケースにみるように、GDPの伸びと雇用者数の動きが乖離《かいり》するようになったことが、大きな特徴といえる。つまり経済が回復しても、じゅうらいのように雇用は回復しなくなったのである。それにもかかわらず、一人あたりの賃金上昇率はEUがアメリカをかなり上回って伸びている（図5。二〇四ページ）。

現在のヨーロッパの失業問題は構造的な要因によっており、景気の循環的要因によるものではない。財政支出の拡大は、財政赤字や経常収支の赤字をふくらませ、インフレ期待を高めるだけで、景気拡大や失業率の低下にほとんど効果はない。また、通貨の切下げは、構造的問題の解決にはならないことをヨーロッパは学んできた。為替レートの引下げも同様に、輸入インフレやインフレ期待を高め、長期金利を高騰させるだけで、結果的には経済成長を阻害する恐

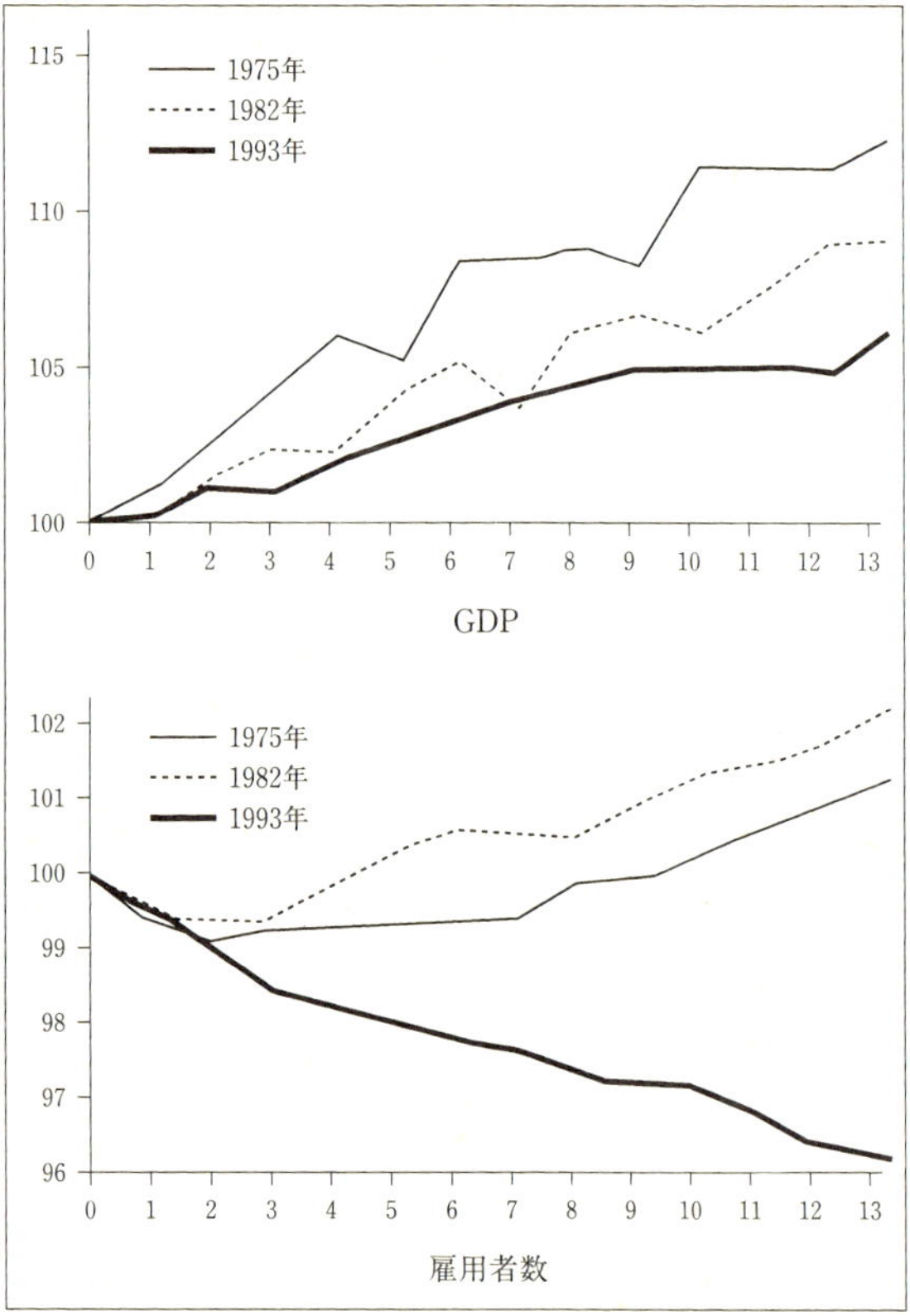

図4　ドイツの景気拡大期における雇用の動向

(注) ①各景気循環の谷（四半期）を100として指数化して、月ごとの推移を表したもの。
②1975年4〜6月期、1982年10〜12月期、1993年1〜3月期をそれぞれ景気の谷としている。

(出所) 世界経済白書（1997年）

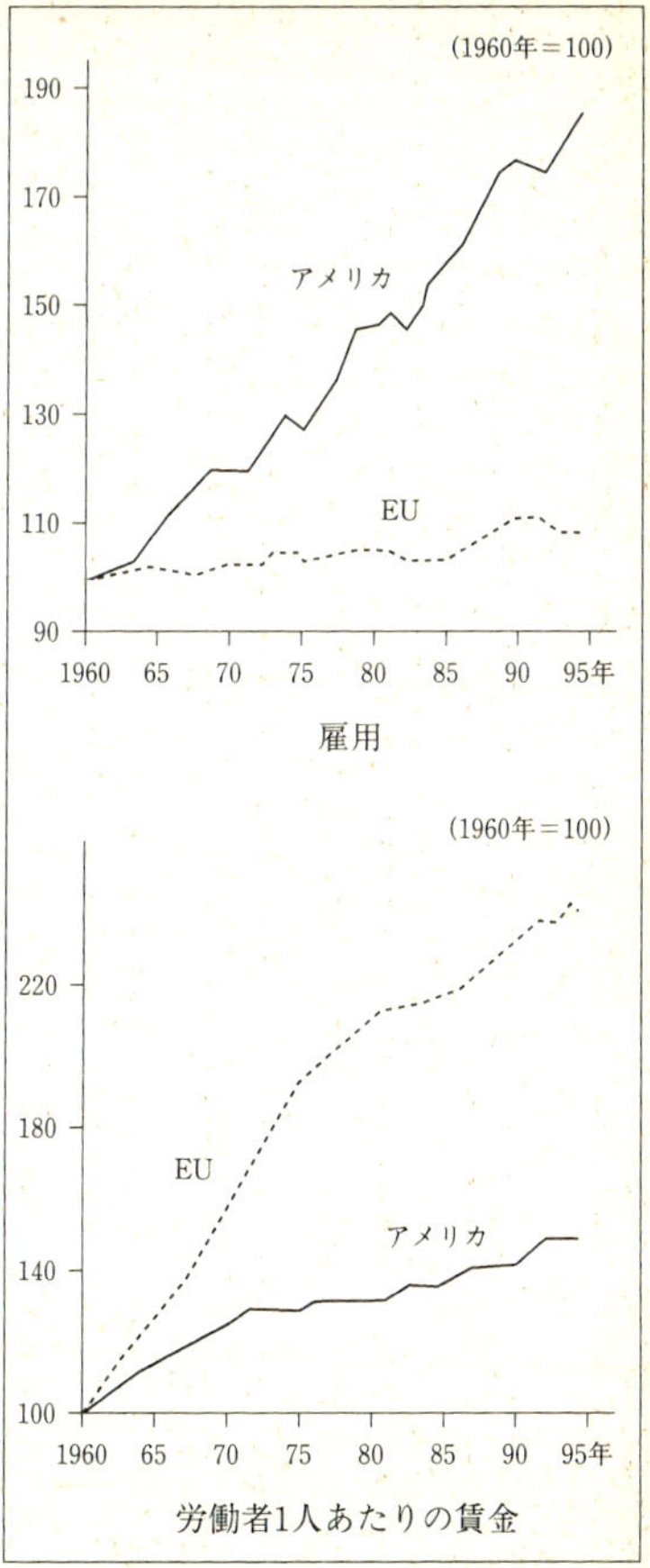

図5　EUとアメリカの雇用と賃金動向の比較
(資料) European Economy No.63 1997
(出所) 欧州委員会

れがあることを学んだ。

つまり、高い労働コスト(人件費)や労働市場の硬直性という問題が解決されないかぎり、失業率が低下する可能性はない。

ユーロ誕生は域内の競争を活発化させ、競争のスピードも高めることになった。企業は市場から弾き出されないために競争力をつけざるをえず、それによって市場全体の改革が速やかに進められ、雇用が促進される結果となる。そうした競争政策による雇用確保しかないことを、

(単位：%)

	生産性（全体）		労働生産性	
	1973〜79年	1979〜97年	1973〜79年	1979〜97年
アメリカ	0.1	0.7	0.3	0.9
日本	0.7	0.9	2.8	2.3
ドイツ	1.8	1.2	3.1	2.2
フランス	1.6	1.3	2.9	2.2
イギリス	0.5	1.1	1.6	2.0
デンマーク	0.6	1.2	2.3	2.1
フィンランド	1.9	2.6	3.2	3.5
ノルウェー	1.3	0.6	2.7	1.8
スウェーデン	0.0	1.1	1.4	2.0
EU平均	1.2	1.2	2.5	2.2
OECD平均	0.6	0.9	1.7	1.7

表11　主要国における生産性比較（平均年率）
（出所）OECD Economic Outlook

いまや企業も政府も認識している。まさにそれゆえのユーロ導入でもあったといえる。

また一方、市場や通貨の統合によって、巨大な統一市場となったEUへの直接投資が増大し、新たな雇用を創出してきた面もある。もし統合がなければ、ヨーロッパの経済様相はさらに悪化し続けた可能性はある。

経済協力開発機構（OECD）の報告でも、たとえばフランスの失業率約一二％のうち、九％は構造的な失業で、二〜三％が景気（循環的要因）によるものだとしている。そうであるならば、経済成長が起こっても失業は二〜三％しか減らすことはできない。ヨーロッパ経済がいま直面しているのは、このような雇用増加なき景気回復なのである。

ヨーロッパの労働コスト問題の一因は、福

祉国家を完成させることによってもたらされた企業の社会保障負担の増加にある。戦後のヨーロッパは福祉国家の形成に成功し、これが先進国モデルとなった。福祉国家の理念は戦後ヨーロッパの理念となり、福祉国家はいまや先進国の代名詞となった。「先進国」とは、働かない老後までも、豊かな暮らしを保障する福祉制度を有する国のことを、意味するようになった。国民にとっては、税や社会保障負担の重さは、期待される老後の暮らしとのバランスいかんであり、政治とはそのバランスをとることであった。

おおむねヨーロッパ各国は、老後の健康的で安心できる生活のために、国民の不満が大きくならない程度に、国民負担をギリギリまで引き上げてきた。そのことが企業の負担増加を招き、国際競争力を弱める結果となってしまった。

ヨーロッパ・スタンダード

ヨーロッパ・スタンダード（ヨーロッパ標準）とは、突然解雇されることのない、手厚い労働者保護と老後の社会保障があり、相対的に高い賃金で、充実した公共財があり、その結果、快適な生活水準と暮らしを楽しむことができる、社会システムのことをいう。ヨーロッパ側の考えでは、アングロ・サクソン（あるいはアメリカ）型労働市場は、社会格差を生じさせるが、ヨーロッパ型労働市場では、所得格差はある程度生じても、それによって病人の受ける治療のレベルが大きく違うということのない社会である。

この点でヨーロッパの雇用・社会モデルは、アメリカや日本とも異なる。高い失業率の維持を、高度の社会保障制度によって、政治的に可能にしているのが、ヨーロッパ・モデルなのである。しかし、そのヨーロッパ・モデルは、グローバリゼーションのもとでは機能がむずかしくなった。それが構造的失業の発生となってあらわれているのである。

社会保障支出がふくらみ、財政赤字の元となり、政府財政はバランスを崩してきた。そして、企業の社会保障費負担が引き上げられていった。高齢化により、社会保険料の払い手が減少するとともに、医療費、年金などの給付が増大し、福祉国家は構造危機に陥ってきた。

しかし、ヨーロッパ各国の社会保障の現状は、保障の引下げをおこなおうとすれば、国民の激しい反対にあい、改革は遅々として進まない。まさに福祉国家の成功が構造改革をむずかしくする状況となった。企業は労働コスト負担が重くなり、それが国際競争力を弱める要因となり、企業の国外移転や失業の元凶となっている。

失業の増大は、社会保障関連の政府支出の増大をもたらし、それが企業負担と労働者負担の増大へと転化されている。いまや、高い労働コストは、大量失業の原因であり、同時に結果ともなっているのである。

ヨーロッパの失業対策として、労働コスト問題への取組みとは、まさに社会保障改革にほかならない。ヨーロッパの労働コストは、世界中でもっとも高い水準にある。ドイツの時間あたり労働コストは、アメリカの二倍もの高さである。ヨーロッパでは、かくも大量の失業者が存在しても、労働コストの抑制にはつながっていない。

すでに述べたように、ヨーロッパ企業の収益性は、全体的に回復してきた。それでも失業は増大し、雇用は不安定である。労働組合、政府、企業、そして議会での対立は激しく、社会不安を引き起こしかねない。ヨーロッパ各国は社会保障が完備されているため、失業による社会不安はそれほどないが、逆に構造改革を進めるための社会保障改革、つまり社会保障の切下げには、労組も国民も非常に厳しい姿勢をとる。

ユーロ導入へ向けた財政緊縮政策、社会保障改革の動きが、一九九七年以降、各国で左翼政権の誕生をもたらす背景となった。これがドイツでコール政権の末期に、税制改革が議会で頓《とん》挫《ざ》した背景であり、九五年末に、社会保障改革案をめぐり、フランス全土にゼネストが燃え広がり、三週間にわたって市民生活を麻痺させた背景である。

しかし、各国は程度の差はあれ、果敢に社会保障改革に取り組んできたことは確かである。全体として、一〇年前からみれば着実に前進はしているが、必ずしも期待されたほどの成果があがっているとはいいがたい。

2　EUの雇用問題への取組み

EU産業政策の転換

EUはこうした雇用問題に、どのように取り組んできたのだろうか。

一九九〇年代に入って、EUの産業政策は大きく変化してきた。九〇年一一月に採択した「産業政策ガイドライン」（バンゲマン報告）によって、じゅうらいの産業別の介入主義、あるいは保護主義的政策から、開放的・自由主義的な産業政策へ転換した。「開かれた競争的環境の整備によって産業の競争力を強化する」政策である。

企業イニシアチブ、市場重視（市場競争・自由貿易）、産業別の枠を超えた「水平的」政策措置（マクロ政策）の採用という、新しい産業政策への転換だった。こうしたスタンスで、単一市場が九二年に形成され、将来の単一通貨の導入に向けて動き出した。以後、雇用の実現は、企業の競争力の強化以外にはないという企業主体主義が、産業政策の中心にすえられた。こうした流れを受けて、九三年六月、コペンハーゲンでの首脳会議で、労働コストの引下げに本格的に取り組むとの決議が採択された。このときからヨーロッパの構造改革への取組み、すなわち福祉国家改革への挑戦が始まった。

そして同年一二月に欧州委員会は「成長、競争力、雇用――二一世紀へ向かう挑戦と方途」と題する白書を発表する。いち早く、雇用問題という、新たなヨーロッパの課題への対応を示そうとするものだった。二一世紀までに一五〇〇万人の雇用創出をめざして、成長の持続、産業競争力の強化、労働市場の改革、という三本の柱による中期戦略を決定した。

「成長の持続」では三%の成長をめざし、「産業競争力の強化」では、「ヨーロッパ横断ネットワーク（ＴＥＮ）」計画により、運輸、エネルギー、情報通信分野に、六〇〇〇億ユーロを投じて、二一世紀までに大規模なインフラストラクチャーを整備するとし、情報技術、研究開発を強化するとした。「労働市場の改革」では、労働コスト削減、職業教育・訓練制度の整備、労働の柔軟性の達成をはかろうとした。また、雇用のための財政政策は、失業保険などの所得保障を中心とする消極的雇用政策方式から、職業教育や求人情報の提供などの、積極的雇用政策方式へ転換する、というものだった。

このような雇用を中心とする構造改革への取組みは、ドイツなどの考えでは、各国が独自におこなうべきものとされてきた。しかし九七年六月にアムステルダムで開かれた、ＥＵ首脳会議においては、フランスの要請を受けて、「成長と雇用に関する対策」という合意文書が採択され、ＥＵとして雇用問題に本格的な取組みをおこなうことが決められた。

この文書では、単一通貨政策によるインフレ鎮静化が、雇用対策の前提であることが確認された。これはマーストリヒト条約の、欧州中央銀行の政策目標を確認したものでもある。次いで、単一市場における競争促進、すなわち経済効率の向上は、雇用と両立すると主張している。また、欧州委員会の中に新たに雇用委員会を設け、欧州投資銀行（ＥＩＢ）と欧州投資基金（ＥＩＦ）を、雇用対策に有効に使うことを提案している。四カ月後に調印された、マーストリヒト条約に代わる、ＥＵの新たな憲法ともいえるアムステルダム条約にも、このような方針が盛りこまれている。

これを受けて、一一月にルクセンブルクで、雇用サミット（臨時首脳会議）が初めて開催され、失業問題改善のための政策協調について合意した。この合意に基づき一二月に「雇用政策ガイドライン」が発表された。ここでは重点項目として、①雇用創出力の向上、②企業家精神の育成、③企業および就業者の適応力強化、④雇用機会均等の徹底、の四点をあげ、労使協調、職業訓練の徹底、技術レベルの向上によって、社内の配置転換や転職をスムースにおこなえるようにするという内容も含まれていた。また、二〇〇二年までに、一五〇〇万人から二〇〇万人におよぶ、情報通信産業の技能労働者の育成が必要と指摘した。その直後の労相理事会は、このガイドラインを正式に採択し、九八年四月までに国内法化するための、行動計画を提出した。

次いで、九九年六月のＥＵのケルン首脳会議では「欧州雇用協定」が採択され、成立した。

正式協定名は「欧州雇用協定――雇用促進のための協力強化およびヨーロッパの経済改革」である。

同協定の報告では、労働年齢人口における雇用比率が、アメリカや日本では七〇%を超えているのに、EUは六一%と、大きな差があることを指摘し、「EUは九六年から九八年末までに、失業者は二〇〇万人減少させたが、いぜん一六〇〇万人の失業者が存在する」としている。しかし同時に、マクロ経済と雇用政策の調和をはかり、EUの平均雇用率を、EUでの上位三カ国（オランダ、オーストリア、ルクセンブルク）の平均にまで引き上げれば、さらに三〇〇〇万人の雇用を作り出すことができるという試算をおこなっている。

政策課題としては、EU経済の低い投資水準の改善のための、奨励政策が重要だとしている。さらに、①協調的なマクロ経済政策のポリシー・ミックスの実行、②雇用ガイドラインおよび行動計画の枠組み内での、各国の雇用政策の調和、③単一市場の機能向上や、ヨーロッパ産業の競争力強化をめざした経済改革、④これらを効果的に結びつけるための対話の設定、の四点を政策の柱とした。

また、欧州委員会は、EUの情報通信産業や、ハイテク産業の雇用状況に関する様々な調査結果を発表している。それによれば、ハイテク産業では約一六〇〇万人が働いており、全雇用の一〇・六%を占めるが、情報通信サービス産業の雇用は、EU全体で一・七%ときわめて低いなどの問題が浮きぼりにされている。なお、九九年一一月には「ヨーロッパの新規雇用の四分の一が情報通信産業で創出されている」とも報告している。

こうしたEUの一連の各種報告や協定にたいし、「何ら強制力のない表明の寄せ集めにすぎない」という批判もある。確かに一種の研究報告や、目標の提示以外のなにものでもない。しかし、この問題の解決を最優先課題として積極的に取り組む、各国の姿勢を示していることだけはまちがいない。

3　労働市場改革への取組み

では、各国はどのような具体策を講じているのか。

雇用促進対策のパターン

まず第一の雇用促進対策として、各国はサービス経済化の推進をおこなってきた。具体的には小売店の営業時間の規制緩和などである。オランダ、ドイツなどでは一九九六年から実施しており、未熟練労働者の雇用促進に大きな役割を果たした。

第二は職業教育である。雇用問題の「構造政策」とは、よく訓練のゆき届いた労働者を市場に送りこむことができるようにすることである。じゅうらいは、失業者の生活を維持するための失業保険政策が重視されたが、今後は職場復帰に重点をおく、「積極的な雇用対策」をとるように、ＥＵは提唱しており、各国とも職業訓練教育には力を入れている。

現在、需要のある労働力とは、技術力のある熟練者であって、未熟練労働者にたいする需要は少なくなっている。このため職業教育がますます重要となっている。また、各国はハイスピードで進展する情報通信の技術革新への対応をはかるためにも、各種の職業教育政策を強化している。しかしヨーロッパの場合、職業教育は若者にはある程度は期待できるが、中高年の産業転換をもたらす職業訓練はむずかしいといわれている。

第三は企業への補助金の供与策である。「積極的雇用政策」への措置として、ＥＵもこれを奨励しており、各国とも九〇年代後半には制度の導入をおこなっている。

ジョスパン政権下のフランスでは、労働者のタイプ別に、雇用一件あたりの補助を定めた。一五〜二五歳の若年労働者については、法定最低賃金の八〇％が、見習い契約労働者については、二五〜七八％が、最高五年間にわたり雇用主に支給される。そのほか、企業への雇用奨励金や職業訓練プログラム奨励金の交付、長期失業者や若年層の有期契約や、パートタイム労働にたいする、雇用主の社会保障負担の軽減などをおこなった。イタリアでは経営が悪化した企業にたいする雇用確保のため、給与の八〇％を補塡《ほてん》する制度を導入した。イギリスやオランダなどの各国でも、類似の制度を取り入れている。

第四は積極的な外国企業の誘致活動である。ヨーロッパ各国政府は、このことにとくに力を入れ、熱心な誘致合戦を展開してきた。実際、外国企業の投資は雇用確保に大きな役割を果たしている。

労働コスト引下げと社会保障改革

ヨーロッパの労働コストは国際的にみると非常に高い。表12（二一六ページ）のとおり、一九九六年の一時間あたりの労働コストは、EU一五カ国平均で二〇・二ユーロ、ユーロ圏一一カ国平均では二一・六ユーロである。これは同じ年の日本の一九・七ユーロ、アメリカの一七・四ユーロよりも高い。しかも、EU内でもかなりの格差があり、もっとも安い国はポルトガルの六・一ユーロ、高い国はドイツの二六・五ユーロと、格差は四倍以上もある。

企業の労働コストには、労働者に直接支払われる給与や、諸経費をさす直接費用のほかに、企業が政府に納める社会保障費などの間接費用がある。この両者をあわせた総労働コストに占める、給与などの直接費用の比率をみたのが、表12の直接費用比率である。EU一五カ国の平均は七三・七％である。逆に間接費用比率は二六・三％となる。この間接費用の九〇％近くが社会保障負担である。

	1時間あたりの労働コスト(ユーロ)	直接費用比率(%)
EU15	20.2	73.7
ユーロ11	21.6	71.2
ベルギー	25.8	67.4
デンマーク	23.0	91.9
ドイツ	26.5	74.4
ギリシャ	9.6	76.0
スペイン	14.9	73.6
フランス	22.5	66.9
アイルランド	13.8	83.5
イタリア	17.2	66.0
ルクセンブルク	19.3	84.0
オランダ	22.6	74.9
オーストリア	24.6	70.4
ポルトガル	6.1	75.3
フィンランド	19.7	75.1
スウェーデン	23.9	67.7
イギリス	n.a.	n.a.

表12　EU15カ国の1時間あたりの労働コスト(1996年)

(注) イタリア、スウェーデンは1997年の値。
ユーロへの換算は1996年の為替レートを使用。

(出所) EUROSTAT (1999年7月)

前にもふれたとおり、この社会保障費を含む間接費用が、労働コストの肥大を生んでいるのである。ちなみに、デンマークが他国に比べて直接費用率が高いのは、間接費用が抑えられているためではなく、社会保障費を主として所得税から支出するシステムとなっているからである。国内総生産（GDP）にたいする社会保障費・税負担の割合をみてみると、九六年にすでにスウェーデン、デンマークが五〇％を超え、ベルギー、フィンランド、フランス、オーストリア、オランダ、ドイツ、イタリア、ルクセンブルクは四〇％を超えている（表13）。これにたいし日本は二八・六％、アメリカは三一・八％である。また、社会保障費の事業者負担を比

（単位：％）

	GDPにたいする負担割合
スウェーデン	53.5
デンマーク	52.5
ベルギー	48.6
フィンランド	48.3
フランス	46.3
オーストリア	45.1
オランダ	44.5
ドイツ	43.0
イタリア	42.7
ルクセンブルク	41.3
ポルトガル	36.5
スペイン	36.1
イギリス	35.5
ギリシャ	34.3
アイルランド	33.2
EU15カ国平均	42.9
アメリカ	31.8
日本	28.6

表13　租税・社会保障負担の国際比較（1996年）
（出所）OECD, European Economy

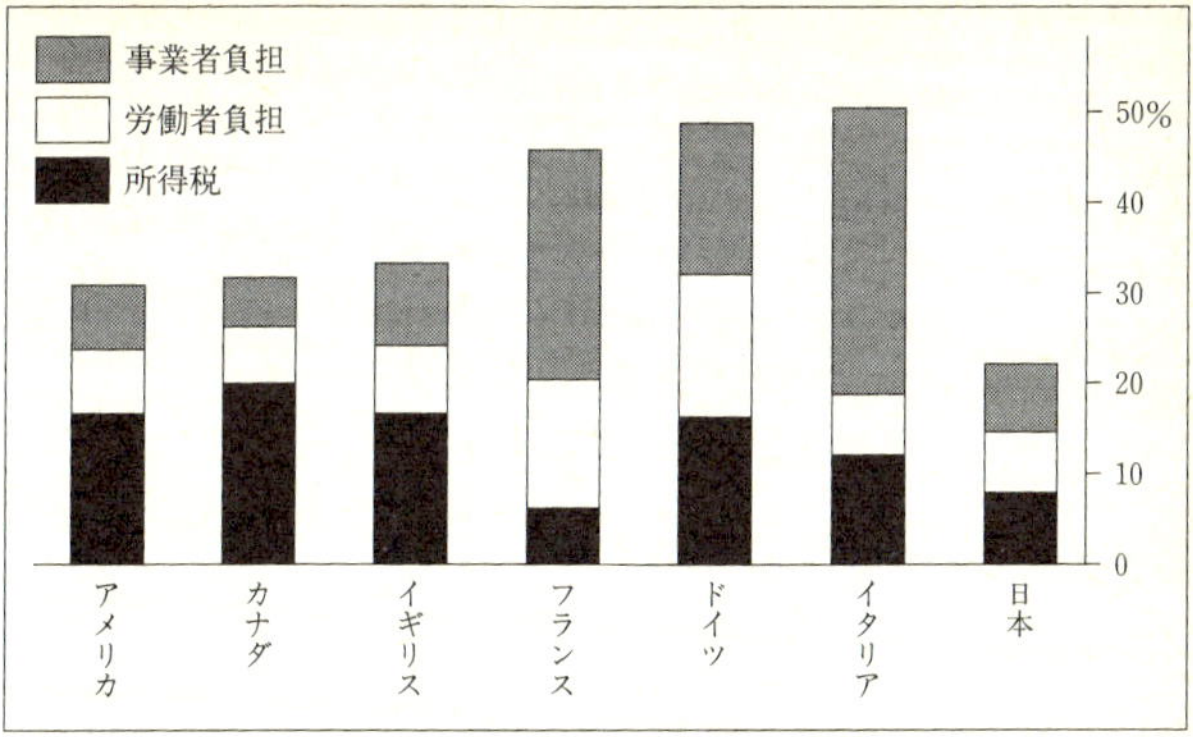

図6　労働コストに占める税・社会保障負担の割合（1994年）
(注)労働者負担・事業者負担とは、労働者・事業者がそれぞれ支払う社会保障負担。
(出所) OECD "The tax/Benefit Position of the Average Production Worker (1995)" など。

べると、イタリア、フランス、ドイツはとくに高いことが分かる（図6）。

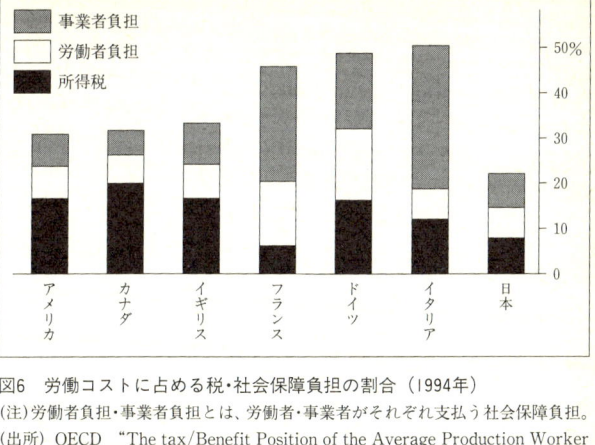

年金支給の引下げ

労働コストの引下げを実現するために、社会保障改革に取り組まねばならないことは、何度か述べた。各国政府とも、これまで果敢に取り組んできてはいるが、労組や議会の反対にあって修正されたり、頓挫《とんざ》したりして、十分な改革がおこないえない国もあれば、成功してきた国もある。

改革は、まず年金受給額の引下げをいかにおこなうかということから始まった。年金支給額を決定する評価額の、評価対象期間を長くすることで、評価額の引下げをはかったり（オランダ）、年金給付水準を引き下げたり

（ドイツ、コール政権末期に約七〇％水準から六四％へ引き下げたが、新任のシュレーダー首相はこれを元に戻してしまった）、受給年齢を六〇歳から六五歳に引き上げるなどの措置をとっている。

ヨーロッパには病欠時の賃金支払い制度（労働疾病休暇保険）がある。従業員が病気などで出勤できなくなった場合も、従業員の賃金を保障する政府の保険制度である。ドイツのコール政権は、この支払い額を最初の六週間は、じゅうらいの一〇〇％から八〇％に引き下げた。そのため病欠率が減少し、企業負担が大幅に軽減された（ただし、これもシュレーダー政権になり、元へ戻された）。

この保険制度を民営化することによって、企業負担の引下げに成功したのは、オランダである。民間保険への切替えによって、保険会社は従業員の休暇・欠勤率に応じて、保険料の額を決めるため、企業側は従業員が病気などで休んだりしないよう、人事管理を徹底するようになる。このような自助努力の成果もあがり、企業側も掛け率（保険料）を減らすことができた。これが刺激となり、企業は未熟練労働者をトレーニングして、アブセンチズム（常習的な欠勤）を低下させることにもなった。社会保険制度民営化の成功例の一つである。

また、低賃金労働者の雇用主負担を軽減する措置を導入し、効果をあげている国（フランス、ドイツ）もある。ドイツでは、企業の社会保障費支払いを抑制できる制度として、少額雇用制度（月収六二〇マルク以下の仕事）がある。税込み所得が一カ月六二〇マルク以下（東部では五二〇マルク）の被雇用者は、社会保険費の支払いを免除され、雇用主のみが一括して賃金税二〇％を納めるというものである。ホテル、レストランなどのサービス業や小売業などのパートタイム雇用などでこの制度が用いられている。これを活用すると労働コストが低く抑えられるため近年急速に増加してきた。

さらに、保険の適用監視や評価の厳格化により、不正受給の防止や受給者数の削減をはかる措置もとられている（これもシュレーダー政権になり、元に戻されてしまった）。

政労使三者間合意により、企業の、社会保障費負担率の引下げをはかろうとしている国（イタリア、オランダ）もある。イタリアでは、二〇〇三年までに、社会保障負担を三％引き下げ、労働コストを一・二％軽減する計画である。

ヨーロッパでの社会改革の新しい方向としては、一つは、社会保険基金の拠出先の新しい模索がある。現在のような労使からの支払いだけに限定せず、資産所得や資本所得、さらに遺産・贈与などの非課税移転所得にまで、ベースを拡大して、国民すべてが社会保険料を支払うべきだという動きとなっている。これがフランスで一般社会税とよばれるものである。これにより労働コストの上昇を抑制しつつ、社会保障費の財源を増加させることができる。

もう一つの方向としては、前述のオランダの労働疾病休暇保険でみられた民営化、とくに年金制度の民営化である。このままでは公的年金制度は、限界に達することはまちがいなく、私的年金制度の導入は避けられない。今後は、ヨーロッパでも企業年金、退職貯蓄ファンドなどの育成が求められてくるだろう。

4　労働市場の柔軟性を求めて

硬直した労働市場

ヨーロッパの雇用問題のもう一つの課題は、労働市場の柔軟性をいかに達成するかである。硬直的な労働システムを改革し、雇用に関する諸条件の柔軟性を確保することがヨーロッパ経済の再生にとって重要である。

労働市場の柔軟性には、①労働力の流動性（移動性）、②企業の雇用・解雇制度の柔軟性、③賃金の柔軟性、④労働時間の柔軟性、⑤その他の労働条件の柔軟性、といった、いくつかの側面がある。

日本の場合でみてみよう。「労働力の流動性」の面では国内（地方―都会間での移動）、社内（本社―地方営業所間での移動、社内他部署への移動）とも、流動性はきわめて高い国である。「雇用・解雇制度の柔軟性」の点では、雇用は簡単だが、解雇は労働法上比較的しにくい国で、この点では硬直的であるといえる。「賃金の柔軟性」は、年功序列賃金制で硬直的であるようにみえるが、基本賃金が低く抑えられ、残業によって、総支払い額を調整するというシステムのため、実質的には柔軟性が高いといえる。「労働時間の柔軟性」はきわめて高く、サービス残業の国である。「その他の労働条件の柔軟性」では、企業は福利厚生（フリンジベネフィット）を充実させねばならず、硬直的といえよう。

ヨーロッパの場合、労働時間の規制、労働者保護の政策、労働組合の賃金交渉のメカニズムという三つの要素が、労働市場の柔軟性を奪っているといえる。しかし、同じヨーロッパでも、どのような柔軟性を求めているのか、どこが柔軟性に欠けているのかは、国によりかなり異なり、当然ながら、取り組む姿勢も違ってくる。

たとえば、イギリスなどのアングロ・サクソン的労働市場にとっての柔軟性の重点は、「雇用・解雇の柔軟性」にある。つまり雇用しやすく、解雇しやすくすることである。これにたいし、ドイツなど大陸側の多くの国にとっては、柔軟性の重点が「労働時間の柔軟性」、具体的には就労時間や残業の柔軟性などにおかれている。

大陸側諸国における労働の硬直性は、臨時雇用、パートタイム雇用、交代勤務、夜間勤務、土曜労働、平日・休日の労働時間などについて、厳格な制限（労働時間の硬直性）があることにある。こうした国々にとっては伝統的な労働慣行も、経済機能を阻害するものとなっている。

サッチャーの改革

ヨーロッパで、もっとも労働市場の柔軟性を追求してきた国は、イギリスである。サッチャー首相に始まる一八年間の保守党政権下では、その方針にそった政策が実施されてきた。

まず組合の弱体化が徹底的におこなわれた。クローズドショップ（組合の強制加入）制の廃止、ピケット（ストライキ破りの監視）の禁止、従業員への個別優遇の容認、ストライキ実施の事前通告、組合の情報開示などである。これによってイギリスのストライキは大幅に減少し、組合活動も規制されてきた。また、一九九三年に発効した、マーストリヒト条約に盛りこまれた欧州労使協議会、両親の育児休暇、パートタイム労働などのEU共通の社会憲章にたいし、イギリスは受入れを拒否し、適用除外（オプトアウト）を行使した。こうしてイギリスは社会憲章に参加しないことを通して、労働コストを抑え、外資誘致を促進した。

このイギリスも九七年に労働党のブレア政権の登場で、社会憲章を受け入れ、イギリスの労働雇用政策の大きな転換点となった。ブレア政権は一定の労働者の権利を認めて保護し、労働活性化につなげようとする『職場におけるフェアネス白書』を提出した。企業に労働組合を正式承認させるための法案を提案し、女性従業員の出産休暇の延長（一四週間から一八週間）、出産直後から子供が八歳になるまで、女性あるいは男性従業員が、三カ月の育児休暇を取得できる制度を提案している。九八年には最低賃金制を採用し、さらに労働時間を週平均三八時間と定めた。それまで、イギリスには労働時間規制がなく、もっぱら雇用者と被雇用者間での契約に依存していた。

九〇年代後半、ヨーロッパに導入された、労働の柔軟性措置は、大きく分けて四つある。

第一は労働時間規定である。基本的には朝九時から午後五時までが法律で定められた標準的な労働時間だが、オランダでは九六年に法律を改正し、雇用者側は労働組合あるいは労働者の代表と合意すれば、これを変更することが可能となった。

第二は臨時雇用への柔軟な対応である。じゅうらいは臨時雇用の期間は最高六カ月までとされていたが、これを撤廃して、最長三年間まで可能となった。これによりオランダやイタリアでは、臨時雇用は相当柔軟になった。なお同時に、これら臨時被雇用者を保護する法律を、両国政府は導入している。臨時被雇用者を派遣する業者（エージェント）を管理する法律を導入し、エージェントの監視強化とともに、臨時雇用の手続きと規則を簡略化した。

第三はパートタイム労働の促進である。各国でパートタイム労働が増えてきてはいるが、オランダでは、労働時間差差別を禁止する法律を発効することによって、パートタイム労働を促進し、ワークシェアリング（仕事の分かち合い）に成功した。このパートタイム労働問題については後に述べる。

第四は解雇規制の緩和である。たとえば、スペインでは、無期限雇用の解雇コストが高すぎることが、労働市場の硬直化の最大の要因となっている。そこで、九七年に政府は、解雇補償金制度を一部緩和した。正当と認められる解雇理由が緩和（拡大解釈）され、解雇時のコスト負担が小さくなった。それでもいぜんとして解雇時の企業負担は非常に高く、しかも解雇する二年前に通知しなければならないという。

これらの措置が現在ヨーロッパの労働市場を少しずつ改善しつつある。

フォルクスワーゲンの改革

九〇年代後半になって、ヨーロッパでは少しずつではあるが、労働時間の柔軟性という面で成果をあげてきた。これを受けて、最近は企業も社内で協定を結び、残業時間の繰越し、古参労働者のパート化、土曜就労など多くの多様化・柔軟化をはかることが、多くなっている。労働組合側も労働時間の柔軟化を承認する傾向にある。その典型例の一つがドイツのフォルクスワーゲンが、一九九三年末にとり入れた新しいシステムである。

まず、週労働時間を三六時間から二八・八時間に短縮し、週四日制を導入した。それと同時に、需要が増加した場合は、必要に応じて勤務時間を三八・八時間まで引き上げることができるという、需要量に応じて、生産体制を柔軟に拡大・縮小する体制作りもおこなった。この制度により、需要増加期も三八・八時間以内であれば、超過勤務手当てを支払う必要はなくなり、未熟練労働者の臨時雇用も不要となった。

また、ホワイトカラー、ブルーカラーとも、個々に一〇〇以上の異なる労働時間の組合わせ（労働スキーム）をもっており、労働の柔軟性の一つの究極的なケースとなっている。これによって同社は、年間収益を一〇億マルク増やすことができたという。規定時間以上働いて蓄積された労働時間は、給与あるいは休暇の形で清算される、時間の有価証券制度を採用している。これは労働時間を預金のような形で蓄積し、早期の年金生活の開始、年金への上乗せもできるシステムである。現在、同社の平均労働時間は三六時間であるので、余剰分はそのような形で処理されている。

さらに、全社員にたいし、自社株取得の可能性を開いた。時間有価証券を通じて転換社債を買うことができる制度も整備されつつある。

五五歳以上の社員が、パートタイムとなることを選ぶこともできるようになった。労働時間、収入とも減少するが、政府の助成があるため、実際の収入における減額幅は最高で給与の五分の一ほどである。

このシステム導入の契機は、九〇年代半ばに自動車需要が急減し、自動車業界が苦境に陥ったときであった。フォルクスワーゲンは、二〇〇〇人の雇用削減か、労働時間削減かのどちらかを選択しなければならなかった。そこで経営者側は労働時間削減を選択した。労働時間の一五%と賃金の一五%削減を決定し、同時にこのような組織全体の改革をおこなったのである。同じく自動車メーカーのＢＭＷも、年間労働時間を、二〇〇〇時間から一八〇〇時間の間で契約し、その範囲内で需要に応じた季節的なシフト体制を柔軟におこなえるようにした。これは賃金据えおきの労働時間の柔軟化である。

これらがドイツ方式の「労働時間の柔軟性」へのアプローチである。

時短とワークシェアリング

現在ヨーロッパ各国では、雇用の増加の方法の一つとして、ワークシェアリングの推進をはかっている。一人あたりの労働時間を短縮し、より多くの人々に労働の機会を与えるのである。多くの国が、すでに週労働時間を、三九時間から三六ないし三五時間に減らそうとしている。

いずれの国の労働組合も「ワークシェアリング」という言葉については合意しているが、その方法をめぐっては、まったく合意していないのである。経営者側はパートタイムを促進したいが、労働組合側はフルタイム労働の時短を主張している。

イタリアでは、二〇〇一年までに週三五時間制を導入し、ワークシェアリングによる雇用増加をめざしている。ワークシェアリングを導入するための措置として、従業員の大量解雇を避け、労働時間と給与をカットし、その労働時間のカット分を、新規雇用によって補う仕組みをとった。労働時間の削減による給与減少分の四分の一を、政府が補助する制度となっている。また、労働時間の削減率が二〇%を超えた場合は、社会保障費負担分の二五%、三〇%以上削減の場合は、三〇%まで免除される措置を導入した。さらに、パートタイム雇用促進のため、雇用保険料の引下げや、賃金補塡《ほてん》基金への負担軽減などの措置、長期失業者の雇用促進のため、企業の社会保障費負担分の免除などの諸制度も導入した。

フランスでは、二〇〇〇年（従業員二〇人未満の企業は二〇〇二年）から、週労働時間を三九時間から三五時間とする時短をおこなっている。この四時間もの時短は、早期退職者や派遣労働・期限付き雇用の増加を抑制し、同時にワークシェアリングによる、雇用増加を起こそうと意図するものだった。政府は目標を早期に達成するため、導入期限以前に時短・雇用創出を果たした企業にたいし、社会保障費の雇用主負担の軽減や、労働時間を一〇%以上短縮する企業にたいする、補助金支給などをおこなった。

しかし、この週三五時間制度では、じゅうらいの三九時間労働に含まれていた、休息時間や着替えにかかる時間、職業訓練・研修時間も、時間外として扱うことができることとした。そうすると、実質的には二時間半～三時間程度の時短を達成してしまい、残りは超過勤務扱いで対応可能となる。労働時間の調整を週、月、年、複数年単位でおこなったり、休暇の特定日数を労働時間短縮分として換算することも可能とした。さらに、時短をせずに、残業時間をそのまま休暇に換算することもできる。三五時間の導入により、名目賃金の引下げをおこなってはならないが、実質賃金の引下げは可能である。

つまり、三五時間制は、企業の労使交渉次第で運用の余地があるようになっており、実態は、時短がほとんど起こらない状況となっている。

三五時間法可決後の最初の大型労使交渉となった、一九九九年六月のＵＩＭＭ（冶金採鉱連盟）による交渉では、超過労働時間の三倍もの増加や、仕事を外部委託するアウトソーシングの活用などによって、時短にも雇用創出にも貢献しない内容で協約が成立した。その結果、労働時間の貯金（労働時間は減少しないが、代わりに時間を貯めて休暇にふり替える）、給与の凍結、休暇日数の増加などで企業は対応しており、また給与支払い増加分は、政府の補助金によってカバーできるとしている企業も半数ある。

こうした実状によって、実質的な時短が達成できないばかりか、ほとんどワークシェアリングを起こさないことになる。

そのうえ、早期に三五時間を達成して、政府から五年間にわたる補助金の支給を受けるために、企業はこぞって三五時間体制を導入しているのが、現状のようである。補助金は、労働時間を一〇〜一五％短縮し、従業員を最低六〜九％増加させ、最低二年間雇用を維持すれば、一定額が支給されるからである。

ただし企業にとっては、この時短措置によって、シフト再編成、勤務時間の再編、業務ローテーションの変更などによる労働生産性の改善が可能となる。さらに給与、利潤分配の再配分、雇用契約などを見直したり、労働時間の柔軟化、生産性の追求、技術革新の加速をはかったり、時間割りの調整、研修機会の拡大、年齢構成の改善など人事面の再検討をすることなどが可能となっている。

このように、三五時間制への移行は、雇用の創出効果はきわめて限定されるものの、企業活力の再編成には大いに貢献するものではある。

いままで述べてきた時短などによるワークシェアリングは、同世代間におけるものだが、高齢者向けの早期退職制度という、世代間のワークシェアリングもある。高齢労働者対策として、労働コストの減少と技術革新への対応を早めるため、ヨーロッパ諸国は早期退職制度を促進してきた。フランスでは九五年、五八歳以上の早期退職希望者に、退職前純所得の七五%を支払うという制度を導入した。イタリアでは、本来の退職時期の五〜一〇年以前に退職した者も、年金を全額受け取ることができるようになっている。

これによって企業は高齢者の早期退職を促進し、若者の採用を増加できるはずであった。しかし、これは早期退職者にたいする社会保険の企業負担増加を招くことになり、また退職希望者もあまり多くあらわれず、オランダでは一時はやったが、結局あまり成功しているとはいえない現状である。

労使交渉の硬直性

ヨーロッパの労働組合も国によって非常に特色あるものとなっており、組合の組織化率に比べ、大きな影響力をもっている。しかし、ここでの労使交渉のメカニズムが、労働市場を柔軟性に欠けるものとしている。

フランスの労働組合の組織化率は九％ときわめて少なく、しかも主義の異なるいくつかの組合に分かれているが、その影響力は強い。フランスでは、労組と国家の役割について独特の役割論があり、国民にも労働組合を守り抜きたいというコンセンサスがある。この国は、個人の責任と国家の役割を明確に定義している国である。とくに国家役割論は、ルイ一四世時代からの伝統であり、文化の一部となっている。国家とは自分たちの税金によって賄われる一機関ではなく、自分たちの生活を守る義務をもつ、自分たちとは別の存在という面が強い。国家にたいしてプレッシャーをかける役割として労働組合があり、国民もそう期待しているのである。

ヨーロッパの労使交渉メカニズムは、企業単位の労使交渉が少なく、産業別労組あるいは政府レベルの仕組みに基づく労使交渉が、八〇％以上を占めている。つまり、企業の事情が、労使交渉に反映される度合いが小さいのである。そしてこれら産業別労組連合は、団体交渉の専門集団を抱え、交渉に熟練をもって影響力を発揮している。また、ドイツでの一九九九年二月の金属産業の労使交渉のように、交渉に政府が介入し、高い賃金で決着をみる場合もある。

このため、ヨーロッパでの賃金決定はかなり硬直的なものとなっている。

ドイツの改革の遅れ

各国がそれなりに柔軟性に向けた努力をしているなかで、ドイツだけは、一九九九年初めにはむしろ逆行しているかのようにみえた。ユーロ圏経済の三分の一を占めるドイツのゆくえが、ユーロとヨーロッパの将来にとって、非常に重要な意味をもっている。実際に、ヨーロッパの産業競争力の中核であったドイツは、対応の遅れから、急速に輝きを失いかねない状況にあり、ヨーロッパの経済問題はまさにドイツ問題にあるといってもいい。

九九年六月にドイツのシュレーダー首相は、ラフォンテーヌ蔵相の辞任後、軌道修正をはかるべく、イギリスのブレア首相とともに「第三の道・新しい中道」と題する宣言文を発表し、大きな波紋を呼んだが、その中で構造改革への取組みの必要性を強調した。

現在のドイツでは、改善と悪化の両方のデータが登場している。

九一年を一〇〇とした場合、ドイツの九八年の平均値としての労働生産性は二・八％上昇、労働コストは一・五％上昇、単位あたりの労働コストは一・三％低下している。ＧＤＰ比の財政赤字比率は二・五％と、まずまずである。これをもってドイツ政府の高官は、ドイツ経済が再生へ向かっている途上にあるという。

他方、ドイツの法人課税率は五二％と国際的にみて高く、政府は、九九年四月施行の税制改革で若干の減税はしたものの、各種引当金制度の変更と環境課税の強化など、製造業やエネルギー関連企業にいっそうのコスト負担を迫った。また九九年二月に金属部門の賃上げ交渉では政府が後押しして、インフレ率を大幅に上回る実質四％アップで妥結した。月収六二〇マルク以下の低賃金労働者にたいして、コール政権は、雇用主の社会保険料納付を免除する措置をとったが、その後のシュレーダー政権は、雇用主負担を再び義務づけてしまった。

こうした措置にたいし、企業は国外移転や人員整理などの合理化で対応すると反発を強めた。九九年四月ごろはドイツ企業がオーストリアに移転するケースが増えていた。また、低賃金労働者への企業負担増加により、パートタイム労働、臨時アルバイト雇用が大幅に減少するとみられ、雇用情勢の深刻化が懸念されている。

シュレーダー政権は、前述の税制改革で課税ベースを拡げたため、かえって重税感を与えたが、今後第二弾として、減税がはっきりみえるような、負担軽減措置をとる必要がある、とドイツ六大経済研究所は合同予測報告をした。

このため、政府は二〇〇〇年には、現行五二％の法人課税（法人税、営業税、連帯付加税）を三五％に引き下げ、所得税も最高税率を三五％ないし四〇％へ減税する案を検討したり、六月に戦後最大規模の財政緊縮と税制改革をおこなう旨発表したりした。

また、シュレーダー首相はオランダ型の政労使の合意による雇用確保・賃金抑制方式を検討すべく、話し合いの場を設定した。この「雇用のための連帯」は雇用拡大をめざし、九八年一二月に第一回の会合をもったが、進展はなかった。労働組合側は、もし賃上げ抑制的発言があれば、ただちにテーブルを蹴って立ち去ると主張していた。

ところが、二〇〇〇年一月の第五回めの協議で、賃上げ率の算定は、これまでの物価上昇率と生産性上昇率を加算する方式から、生産性伸び率のみを考慮することで合意したと報じられた。しかし、その直後、金属労組（ＩＧメタル）は、二〇〇〇年度の平均インフレ率一・五％、成長率三・五％の予想と早期退職制度積立て要求分〇・五％を加えた、合計五・五％の賃上げ要求をおこない、市場に衝撃を与えている。

ドイツはオランダのモデルを参考にしようとしているが、イタリアも同様の政労使合意システムをもっている。イタリアでは、九二年七月に政労使三者の話し合いがまとまり、賃金物価スライド制（スカラ・モービレ）の廃止、雇用確保、労働者の実質賃金保障、生産性向上などで合意した。次いで九六年九月には、労働の柔軟性に関する施策でも合意している。

他方、フォルクスワーゲンやＢＭＷのように、ドイツ企業自らの改革努力の成果がみられるようにもなった。「個別企業では企業内での労使の話し合いで、工場の稼働に労働の柔軟性をもちこんでいる企業もあらわれ、二四時間フル操業することが可能になったケースもある。また賃金の柔軟性を実現するために、業績にともなって、賃金上昇幅を変える企業もある。労働時間を調節することによって、労働のピーク時間をアルバイトや外部から雇わず、社内で調節する方法もおこなわれはじめている。このような注目すべき転換が起こっている」とドイツ経済省の高官はインタビューで語ってくれた。

資金調達の柔軟性

ユーロ導入にともない、ドイツ企業にみられる、もっとも大きな改革の動きは、資金調達である。日本も同様であるが、ヨーロッパでは銀行による企業支配がおこなわれてきた。これが革新的な企業の出現を阻止してきたという反省もある。

ドイツでは、監査役会が経営の実権を握り、取締役会はそれを執行する役割をもつ。監査役会は、経営のすべての問題について管理権を有し、監督する機関で、経営業務を執行する担当役員（取締役）の任命・解任をおこなう。監査役会のメンバーは、株主総会で選ばれた株主代表と従業員代表からなるが、株主代表のほとんどが銀行代表である。従業員代表の比率は、従業員数が二〇〇〇人以上の企業では二分の一、二〇〇〇人未満の企業では三分の一、つまりそのような企業では、株主代表が監査役会の過半数を占めることになる。もちろん支配的株主がいない場合は、監査役会の影響力は弱くなり、経営者支配となる。

このように、制度的には従業員が企業経営にたいして一定の影響力を行使できる、ヨーロッパ独特の労使共同決定のシステムでも、実際には、監査役会を通じての銀行の潜在的影響力が強い。銀行は日常の経営には介入しないが、財務状況の悪化に関しては、監査機能による影響力を発揮する。

しかし、すでに述べたように、ユーロ導入後の巨大な資本市場の形成によって、債券発行などの直接の資金調達が可能となり、企業の銀行支配は弱まる傾向が期待される。

共同決定制度は労使協調をめざしたもので、ドイツ経済の特徴である、協調的企業文化の形成に大きな役割を担ってきた。これによって、労使間の厳しい対立による労働条件や職場の雰囲気の悪化を避けてきた。こうしたコンセンサス経営と、労使対立を調停で解決する仕組みができあがっている。したがって伝統的にドイツはストライキが少ない国であり、労使間の信頼関係は、ドイツ企業にとっては貴重な財産となってきた。この国の労組の組織化率は三〇%であるが、これでもかなり低下傾向にはある。

また、ドイツには組合代表の経営参加（共同決定権）システムがある。本来の企業経営には介入できないが、人事や労働災害防止、衛生などの特定問題の意思決定に参加できる。また、企業は従業員持ち株制度に注目している。従業員の積極的な企業運営への参加や、労働意欲の高揚をはかることができるからである。

また、ヨーロッパの労使協議会制度は、重要事項について従業員の代表に事前に情報公開し、協議する義務があり、工場閉鎖・縮小や従業員の整理・解雇は、簡単には実施できない仕組みとなっている。しかし前述のように、M&Aによる事業のリストラの場合は整理・解雇が可能なため、ヨーロッパの現在のM&Aブームにはそのような要因もあると思われる。

こうした労働組合を重視する協調的企業文化が、結果として、雇用の硬直性をもたらし、柔軟性への交渉をむずかしくしている。

オランダ経済の奇跡——労働時間差差別の撤廃

労働市場の改革と社会保障改革にもっとも果敢に取り組み、成果を上げてきたのが、オランダである。その結果、オランダ経済はいま、ヨーロッパでもっとも注目を浴びている。一九九七年に当時のドイツのティートマイヤー中銀総裁は「ポルダー・モデル（オランダが干拓《ポルダー》の国なのでこのようによばれる）に学べ」と企業に呼びかけ、ヨーロッパの各誌紙がオランダ経済特集を組んでいる。

（単位：%）

	全体	女性
ベルギー	14	31
デンマーク	21	35
ドイツ	16	34
ギリシャ	5	9
スペイン	8	17
フランス	16	29
アイルランド	12	22
イタリア	7	13
ルクセンブルク	8	18
オランダ	38	69
オーストリア	15	29
ポルトガル	9	13
フィンランド	12	16
スウェーデン	23	42
イギリス	24	45
EU	16	32

表14　EU 主要国のパートタイム労働者比率（1996年）
（注）ドイツは1995年のデータ。
（出所）EUROSTAT

「オランダの奇跡」といわれるほどに改革が進んだのは、賃金抑制、社会保障改革、労働市場改革に成功したことによるが、その背景には、一つには、オランダにおける政労使のコンセンサス形成への努力がある。

そしてもう一つは労働時間差差別を禁止することによって達成されてきた、パートタイム労働の促進にある。

オランダの労働者一人あたりの年労働時間は、EU内でもっとも短くなり、表14でもわかるように、パートタイム比率が非常に高くなった。ちなみに同じ年のアメリカは一八%、日本は一九%であった。しかも、パートタイム労働のほとんどは女性である（表15）。家族所得の点では、じゅうらいは男一人の所得で家族全員が生活してきたのだが、現在は夫の大きな所得と妻の小さな所得によって、あるいは夫婦ともども週四日のパートタイムで働いて、フルタイムで働いた場合の、一・三〜一・五人分の所得を得ることによって、家族一緒の、あるいは個人

(単位：%)

男性		女性	
ルクセンブルク	1.1	ギリシャ	8.4
スペイン	2.7	ポルトガル	11.6
ベルギー	2.8	イタリア	12.7
ギリシャ	2.8	フィンランド	15.8
イタリア	2.9	スペイン	16.6
ドイツ	3.6	ルクセンブルク	20.3
オーストリア	4.0	アイルランド	23.1
ポルトガル	4.2	オーストリア	26.9
フランス	5.1	アメリカ	27.4
アイルランド	5.4	カナダ	28.2
イギリス	7.7	フランス	28.9
フィンランド	8.0	ベルギー	29.8
スイス	8.6	ドイツ	33.8
ニュージーランド	9.3	日本	34.9
ノルウェー	9.4	デンマーク	35.5
日本	10.1	ニュージーランド	36.1
デンマーク	10.4	スウェーデン	41.2
カナダ	10.6	オーストラリア	42.7
アメリカ	11.0	イギリス	44.3
オーストラリア	11.1	ノルウェー	46.6
スウェーデン	11.6	スイス	54.7
オランダ	16.8	オランダ	67.2

表15　主要国の男女別パートタイム労働者比率（1995年）
（出所）OECD

の自由になる時間をより多くした生活を楽しもうとしている。

そして、こうしたパートタイム労働の定着によって、オランダではワークシェアリングが進展して就業者数は増大し、失業率は大きく減少していった。オランダの失業率は、八三年の一二％から九七年は五・二％へ低下し、九九年は三％台へ低下してきた。この間、EU平均は悪化を続け、最高一二％へ増加した。九九年は一〇％を切ったものの、高い失業率はいぜんそのままである。

つまり、これまで時短によってはワークシェアリングを起こすことができなかったが、パートタイム労働の促進によって、それが実際に起こったのである。

九六年、政府は労働時間差差別を撤廃する法律を議会で可決した。企業にとっては、すでに政労使三者の合意を通して、長年にわたり努力してきていたので、この新しい衝撃的な法律の導入によるショックはなかった。

企業にとっては、労働時間差差別をなくすことは、パートタイム労働者への負担がいささか増すことを意味した。パートタイム労働者を正規労働者として雇用し、福利厚生（フリンジベネフィット）や年金の面で、フルタイム労働者と同様に扱わなければならないからである。

しかし、結果として、企業はパートタイムという労働力の雇用によって、変化する労働需要に対応できる雇用の柔軟性を達成し、パートタイム労働者、フルタイム労働者ともに労働意欲を高め、労働コストの低下と生産性の上昇と収益の改善とを実現できた。労働時間差差別をなくすことによって、労働意欲の高い、優れた労働力の獲得が可能であることが分かったのである。

労働組合にとっては、パートタイム労働者を正規の組合員として受け入れることによって、組合員が増加した。オランダの労働組合の組織率も、九〇年ごろにはかなり低下していたが、九八年には三〇%台へと急増した。組合員の増加によって、労組の影響力を高めることもできたのである。

政府にとっては、失業が減少し、世帯所得の増加によって消費が増え、経済成長率が高まるという経済現象を獲得できた。

そして労働者は、自分の人生の目標やライフスケープにそって、好みの労働時間での労働が可能となった。

ポルダー・モデルの波及の可能性

ポルダー・モデルは、ほかの国に波及する可能性はあるだろうか。

ヨーロッパの中でも、オランダ人は、週三二時間（週休三日）や週二〇時間しか働かないということをすんなり受け入れたが、たとえばフランス人の労働意識は異なるようだ。フランスでは、労働とはフルタイム労働だという伝統が強く残っている。パートタイムはキャリアとして認められず、プロとしての雇用とみなされていない。部署の責任者がパートタイムということなどはまず考えられず、責任者になることは、フルタイム雇用になることを意味する。パートタイムが労働者の一七〜一八％を占めるようになった現在でも、その伝統は根強い。フランスでは、パートタイムは雇用者に強制された結果とみられる。こうした社会構成や意識の違いを変革していくための労使の対話は、フランスではまだ始まっていない。

また、労働組合の姿勢によっても大きく違う。オランダの労働組合は、組合員にアンケートを実施、その結果に基づいて運動を展開していこうとする実際性があるが、ほかの国の労働組合、とくにフランスやイタリアなどは、きわめて教条主義的で、パートタイム労働者をフルタイム労働者にすることをもって労働組合運動の闘争方針とする考え方からは抜けきらないだろう。その点では、ポルダー・モデルがもっとも波及しそうなのは、まずはドイツとイギリスであろう。一九九八年中で、ドイツからオランダの労働組合連合（ＦＮＶ）を訪れたポルダー・モデルの研究ミッションは、三八チームもあったと、ＦＮＶの会長は語っていた。先述のように、ドイツは、ポルダー・モデルの土台となっている、政労使三者の合意の形成について、可能性を模索している。

こうしたヨーロッパ各国の雇用問題への構造的取組みの効果については、まだ明確には分からない。たとえば、企業への雇用促進補助金の提供は、あきらかに効果が出ているが、逆に期限が切れたときに、それら若年労働者は、労働市場の中に定着するのか、あるいは再び弾き出されていくのか。

しかし、オランダのポルダー・モデルのように、ヨーロッパが失業を減らす知恵を提供しているケースも出てきているのである。

このようなヨーロッパでいま起こっていること、これから起こることは、今後の日本にとってのまさに大いなる知恵である。ちなみに、日本経済の再生には、規制緩和もさることながら、「企業改革」「雇用改革」こそが本格的に取り組まねばならない重要課題である。

ヨーロッパは、経済改革に必死になって取り組んできた。ユーロの導入はそのためのものであった。これからのヨーロッパ経済をみる目としては、改革のチャンスはありうるという前提でアプローチをした方が、ヨーロッパで起こっていることの意味を把握できるであろう。日本も、これからはヨーロッパからの知恵を参考にすべきである。二一世紀の日欧関係は、そうした構造改革への取組みをベースとした新しい関係となるだろう。

ヨーロッパがこの雇用問題という構造問題を解決したとき、われわれは「ヨーロッパ経済の再生」をみることになる。

あとがき

この本は、ユーロに関する入門書として書いた。通貨や金融問題について知識のない読者を対象に、分かりやすく、かつ読みやすいように、編集者もたいへん努力をしてくれた。

ほんとうの専門家とは、誰にでも分かるように書ける人のことをいうのだが、生半可な筆者はすぐ専門用語に逃げこもうとする。分かりにくいところがあれば、それは読者の責任ではなく、筆者の勉強不足のゆえである。

この本は、ヨーロッパの一一カ国が、従来の通貨を廃止して、新しい共通かつ単一の通貨ユーロを誕生させるという、歴史的実験の意味を、一年間の経過をふまえて分析したものである。ユーロという新通貨を通して、これからの世界の変化とヨーロッパ経済のゆくえを覗こうとしたものである。そして同時に、日本に何が問われているのかも考えてみた。二一世紀はどのような世界になるのだろうか。そんな関心をもっている読者に、その重要な課題の一つに、すこしでも親しみをもってもらうのが本書の目的である。

筆者は、オランダのアムステルダムに、一九九三年から九七年まで、三年半駐在した。ユーロが誕生するのかどうかを見通すことは、駐在期間中の大問題だった。

オランダからはヨーロッパがよく見えるような感じがする。オランダのような小国は、ヨーロッパ全体のバランスの上で生きていく必要があるし、ヨーロッパ全体の動きに翻弄されるからである。しかも、欧州連合（EU）は一五カ国となって、小国が多くなっている。オランダはこの点で、小国のリーダーたらんという意欲があり、EUの動きに先駆的に取り組んでいるからでもある。また、生活感覚からしても、オランダの北海側のアムステルダムから、二時間もドライブすると隣国に出てしまうし、そもそもオランダ人は、自分の生活をヨーロッパ全体の中で描いていて、住んでいるコミュニティーがオランダという感じがある。

本書によって、読者の新しい世界への好奇心がすこしでも満たせることができたら、筆者としては望外のよろこびである。

また、本書は私のジェトロ在職中の成果の一つである。執筆したのは退職後だが、内容については多くを同僚たちからの助けによっている。改めて感謝したい。

二〇〇〇年一月

長坂寿久

長坂寿久(ながさか　としひさ)

一九四二年神奈川県生まれ。明治大学政治経済学部卒。日本貿易振興会(ジェトロ)入会。調査部門を経験し、シドニー、ニューヨーク、アムステルダムなどに駐在。九九年九月退会。現在、ジェトロ客員研究員、国際貿易投資研究所客員研究員、拓殖大学教授。著書に『企業フィランソロピーの時代』(ジェトロ出版部)『ベビーブーマー』(サイマル出版会)など。

ユーロ・ビッグバンと日本《にほん》のゆくえ　集英社新書〇〇一八A

二〇〇〇年二月二二日　第一刷発行

著者……長坂寿久《ながさかとしひさ》

発行者……小島民雄

発行所……株式会社集英社

東京都千代田区一ツ橋二-五-一〇　郵便番号一〇一-八〇五〇

電話　〇三-三二三〇-六三九一(編集部)
〇三-三二三〇-六三九三(販売部)
〇三-三二三〇-六〇八〇(制作部)

装幀……原　研哉

印刷所……凸版印刷株式会社

製本所……加藤製本株式会社

定価はカバーに表示してあります。

ISBN 4-08-720018-3 C0233

Printed in Japan

a pilot of wisdom